PENGALAMAN MUKTAMAD DENGAN SAYURAN UNIK

Temui Kelazatan Dengan jarum, Rutabaga, Terung dan Banyak Lagi

Nur Fairuz binti Wan Salam

Bahan Hak Cipta ©2023

Hak cipta terpelihara

Tiada bahagian buku ini boleh digunakan atau dihantar dalam apa jua bentuk atau dengan apa cara sekalipun tanpa kebenaran bertulis yang sewajarnya daripada penerbit dan pemilik hak cipta, kecuali petikan ringkas yang digunakan dalam semakan. Buku ini tidak boleh dianggap sebagai pengganti nasihat perubatan, undang-undang atau profesional lain.

ISI KANDUNGAN

PENGENALAN **6**
DENGAN JARUM/JERUSALEM ARTICHOKE **7**
   1. Salad Sayur Campuran Sarat 8
   2. Dengan jarum cappelletti dengan epal 10
   3. Carpaccio vegetarian 13
   4. Articok Yerusalem dengan delima 15
   5. Lasagna Bayam dan Ubi Manis 17
   6. Ayam Panggang dengan Artichoke Jerusalem 20
   7. Articok mentah & salad herba 22
   8. Articok sumbat dengan kacang & dill 24
   9. Artichoke Cilantro Cocktail 27
KOHLRABI **29**
   10. Kohlrabi Schnitzel 30
   11. Kohlrabi Slaw 32
   12. Kohlrabi panggang 34
   13. Kohlrabi dan Gratin Kentang 36
   14. Kohlrabi dan Sup Epal 38
   15. Kohlrabi dan Kacang kuda Tumis 40
JICAMA **42**
   16. Mangkuk Sushi Avokado 43
   17. Spam panggang dan salad kentang 45
   18. Gulung Bunga Laut Goreng 47
   19. Teh laici hitam salai udang galah 50
   20. Tuna Carpaccio Jicama ceviche 52
   21. Kentang Goreng Jicama Bakar dengan Dip Limau Ketumbar 54
   22. Jagung manis, salad jicama dengan tequila 56
   23. Salad buah selasih jicama 58
SELERIAK **60**
   24. Souffle saderi & Keju 61
   25. Sup Saderi dan Epal dengan Kacang Walnut Ditumbuk 64
   26. Pork Schnitzel dengan Celeriac Remoulade 66
   27. Risotto Bawang Putih dengan Puyuh 69
   28. Krim Sup Kupang dengan Safron 72
AKAR TERATAI **74**
   29. Akar Teratai & Sup Cendawan 75

30. Akar Teratai Dan Jus Tangerine 77
31. Akar Teratai Tumis dengan Bijan 79
32. Kerepek Akar Teratai 81
33. Akar Teratai dan Tumis Babi 83
34. Salad Akar Teratai dan Udang 85
35. Akar Teratai dan Sup Ayam 87

RUTABAGA 89

36. pasties BBQ 90
37. Rutabaga Stew Kentang 92
38. Rebusan Daging Sayur Akar 94
39. Sosej Turki Dengan Sayur Akar 96
40. Sup Gulai Hungary yang Kaya 98
41. Bakar Soba dengan Sayur Akar 100
42. Ikan Siakap dengan Sayur Akar Panggang 102
43. Stew Daging Karnivor dengan Sayur Akar 104
44. Sup Tapioca & Sayur Musim Gugur 107
45. Salad Cincang Difermentasi dengan Rutabaga 109
46. Sup Ayam Jatuh dan Sayur Akar 111
47. Chowder Turki Festival Musim Gugur 113
48. Chowder Sayur Kambing dan Akar 115
49. Sup Ekor Lembu dengan Rutabaga 117
50. Kentang begedil 119
51. Tuai sayur-sayuran dan quinoa 121
52. Pot-Au-Feu Klasik 123
53. Gigitan Bacon Keju 126

TURNIPS 128

54. Lobak dan Kaserol Bawang 129
55. Wain lobak ahli silap mata 131
56. Turnip Rebus Kesyukuran 134
57. Sup Kuih Turnip Taiwan 136
58. Campuran-hijau dengan goreng lobak 139

TERUNG 141

59. Kacang kuda Crepe Taco dengan Terung 142
60. Terung Terung-dalam-Lubang 145
61. Mozzarella, Cendawan dan Terung Shakshuka 147
62. Crêpe sumbat terung s 150
63. Lempeng Terung Sedap 152
64. Wafel Falafel dengan Terung Panggang 155
65. Mangkuk Sarapan Bacon Terung Rangup 158
66. Pusingan Terung Sumbat Ricotta 161
67. Spam dan tempura terung 164
68. kerepek terung 166
69. Kroket Terung 168

70. Terung Walnut Sebar ... 170
71. Terung goreng tempura ... 172
72. Celup Terung Bakar Bara Asap ... 175
73. Kentang Goreng Terung Bakar ... 177
74. Celup Terung Bakar ... 179
75. Terung Bakar dan Chaumes ... 182
76. Panini dari Terung Parmigiana ... 185
77. Veggie Pizza Keju Bakar ... 188
78. Penggoreng terung ... 190
79. Sandwic Terung Bakar ... 192
80. Terung bruschetta atau gratin ... 195
81. B resaola dan Terung Bruschetta ... 197
82. Ragout Terung-Dan-Kacang Putih ... 199
83. Bebola Daging Terung dan Kacang kuda ... 201
84. Terung bakar dan sup kunyit ... 203
85. Parmesan terung ... 205
86. Terung dan ravioli walnut dalam sos ... 208
87. Terung Dan Beras Provencale ... 211
88. Spaghetti Skuasy dengan Persil Terung ... 213
89. Pasta Terung dan Tempe ... 216
90. Terung Chermoula dengan Bulgur dan Yogurt ... 218
91. Terung Bakar & Sup Mograbieh ... 221
92. Steak Terung ... 224
93. Salad Terung Bakar Lubnan ... 226
94. Terung Ratatouille ... 229
95. Terung dan Tomato Chutney ... 232
96. Cannelloni terung ... 235
97. Terung Bakar dengan buah delima ... 238
98. Hannukah Sabih ... 240
99. Muffin Coklat Tiga ... 243
100. Tart Terung Dengan Keju Kambing ... 246

KESIMPULAN ... 249

PENGENALAN

Selamat datang ke Pengalaman Muktamad Dengan Sayuran Unik. Dalam panduan ini, kami mengundang jemputan untuk mengatasi perkara biasa dan memulakan pengembaraan yang meraikan khazanah kerajaan sayuran yang sering diabaikan — dengan jarum, rutabaga, terung dan banyak lagi.

Bayangkan dapur anda sebagai pentas, dan sayur-sayuran unik ini sebagai pelakon yang dibintangi, bersedia untuk mempamerkan simfoni rasa, tekstur dan kemungkinan masakan. Ini bukan sekadar buku masakan; ia adalah satu pujian kepada kepelbagaian yang terletak di sudut lorong hasil yang sering diabaikan, menunggu untuk memikat deria anda dan mentakrifkan semula pengalaman masakan anda.

Semasa anda melayari halaman ini, bayangkan kisah yang diceritakan oleh setiap sayur-sayuran - daripada nada pedas dengan jarum kepada rasa manis rutabaga, dan keanggunan serba boleh terung. Ini adalah tiket anda ke pengembaraan masakan di mana yang luar biasa menjadi kebiasaan, dan yang biasa dicipta semula.

Setiap resipi dalam koleksi ini ialah bab yang disusun rapi, menawarkan anda bukan sahaja hidangan tetapi pengalaman — peluang untuk meningkatkan kehebatan memasak anda dan mentakrifkan semula hubungan anda dengan sayur-sayuran. Sama ada anda seorang chef berpengalaman yang mencari tahap kreativiti baharu atau orang baru dapur yang ingin mengembangkan ufuk masakan anda, "Pengalaman Terunggul dengan Sayur-sayuran Unik" disesuaikan untuk memberi inspirasi, mendidik dan, yang paling penting, menggembirakan.

Sertai kami dalam pengembaraan gastronomi ini di mana kami mengupas lapisan biasa, mendedahkan sifat luar biasa sayuran yang unik. Perjalanan ke hadapan menjanjikan bukan sahaja kepuasan masakan tetapi juga hubungan yang lebih mendalam dengan bahan-bahan yang menghiasi meja anda. Oleh itu, dengan semangat dan fikiran terbuka, biarkan penerokaan bermula, dan semoga dapur anda sentiasa berubah oleh keajaiban hidangan sayuran yang unik.

DENGAN JARUM/JERUSALEM ARTICHOKE

1.Salad Sayur Campuran Sarat

BAHAN-BAHAN:
- 1 biji terung Jepun sederhana, potong dadu 1/2 inci
- 1 lada benggala merah sederhana, potong dadu 1/2 inci
- 1 lada benggala kuning sederhana , potong dadu 1/2 inci
- 1 paun dengan jarum (pilihan), kukus
- 4 biji epal, dihiris
- 1 cawan bok Choy
- 2 sudu besar biji labu panggang
- 1/4 cawan minyak zaitun
- 2 sudu besar cuka balsamic putih
- 1 ulas bawang putih, dikisar
- 1/2 sudu teh gula
- 1/2 sudu teh garam
- 1/4 sudu teh lada merah ditumbuk
- selada romaine, dikoyakkan seukuran gigitan
- Arugula , dikoyakkan menjadi kepingan bersaiz gigitan

ARAHAN:
a) Panaskan ketuhar hingga 375°F.
b) Minyakkan sedikit loyang 9 x 13 inci. Letakkan terung dan lada benggala dalam kuali yang disediakan, dan bakar sehingga lembut, 15 minit .
c) Dalam mangkuk kecil, satukan minyak, cuka, bawang putih, gula, garam, dan lada merah yang ditumbuk. Gaul rata dan tuangkan ke atas sayur-sayuran yang telah disejukkan.
d) Sapukan sayur-sayuran di atas pinggan hidangan. Sudukan campuran terung dan lada sulah ke atasnya dan letakkan baki perapan. Hiaskan dengan biji labu atau kacang kegemaran anda.

2.Dengan jarum cappelletti dengan epal

BAHAN-BAHAN:
- Minyak zaitun
- 4 lb (1.8 kg) dengan jarum, dicincang
- 2 ulas bawang putih, cincang
- 1 cawan (227 g) ricotta
- Garam kosher
- Lada hitam yang baru dikisar
- Doh Ravioli
- Minyak zaitun
- 1 lb (454 g) kangkung, dicincang
- 1 epal, dihiris nipis

ARAHAN:

a) Untuk membuat inti, dalam kuali tumis besar pada api sederhana tinggi, gerimis minyak zaitun dan masukkan dengan jarum. Masak sehingga lembut, kira-kira 8 hingga 10 minit. Keluarkan dari api dan biarkan sejuk sedikit.

b) Dalam pemproses makanan, pukul dengan jarum, bawang putih dan ricotta sehingga sebati. Perasakan dengan garam dan lada hitam yang baru dikisar.

c) Taburkan dua helai kuali dengan tepung semolina.

d) Untuk membuat pasta, canai doh sehingga lembarannya lut sinar sahaja .

e) Potong helaian yang digulung menjadi bahagian 12 inci (30 cm) dan tutup selebihnya dengan bungkus plastik. Letakkan kepingan di atas permukaan kerja yang kering dan, menggunakan pemotong bulat 3 inci (7.5 cm), potong bulatan ke dalam kepingan.

f) Dengan menggunakan beg paip atau sudu, letakkan kira-kira 1 sudu teh inti di tengah bulatan pasta, tinggalkan kira-kira ¼ inci (6 mm) di sekeliling tepi. Lipat bulatan untuk membuat bentuk separuh bulan dan tekan di sepanjang tepi untuk mengelak. Gunakan semburan air untuk membantu menutupnya jika perlu.

g) Untuk membentuk bentuk pasta, dengan tepi melengkung menghadap anda, satukan dua titik dan tekan. Perlahan-lahan pastikan tepi luar melengkung naik untuk membentuk bentuk bulat. Letakkan pasta pada permukaan kerja anda, pastikan ia berdiri sendiri. Pindahkan cappelletti dengan berhati-hati ke kuali lembaran yang ditaburkan semolina, dijarakkan.

h) Didihkan periuk besar air. Sementara itu, dalam kuali tumis yang besar, dengan api sederhana, gerimis minyak zaitun. Masukkan kangkung dan tumis sehingga mula layu. Tutup api dan masukkan epal. Perasakan dengan garam dan lada sulah yang baru dikisar.

i) Berhati-hati jatuhkan pasta ke dalam air dan masak sehingga al dente, kira-kira 2 hingga 3 minit. Masukkan dalam kuali tumis bersama kangkung dan epal.

j) Untuk menghidangkan, bahagikan pasta, kangkung dan epal di antara mangkuk.

3.Carpaccio vegetarian

BAHAN-BAHAN:
- 3 ubi bit dalam warna yang berbeza; merah jambu, kuning dan putih
- 2 lobak merah dalam warna yang berbeza; kuning dan ungu
- 2 articok Yerusalem
- 4 lobak
- 1 lobak
- ¼ cawan minyak zaitun
- 4 sudu besar cuka wain
- 1 keping roti, potong dadu
- 2 sudu besar kacang pain
- 1 sudu besar biji labu
- 2 sudu besar minyak walnut
- 1 genggam daun salad
- garam laut
- lada hitam yang baru dikisar

ARAHAN:
a) Basuh semua sayur-sayuran. Potong menjadi kepingan yang sangat nipis menggunakan mandolin.
b) Letakkan dalam mangkuk, tuangkan cuka dan minyak zaitun dan kacau perlahan-lahan dengan jari anda.
c) Biarkan selama sejam.
d) Roti panggang dengan kacang pain dan biji labu dalam kuali kering, kacau sentiasa.
e) Susun sayur-sayuran di atas pinggan, dan hiaskan dengan crouton dan biji.
f) Taburkan dengan minyak kacang, garam, dan lada sulah.
g) Hiaskan dengan daun salad.

4. Articok Yerusalem dengan delima

BAHAN-BAHAN:
- 500g articok Yerusalem
- 3 sudu besar minyak zaitun dara tambahan
- 1 sudu kecil biji nigella
- 2 sudu besar kacang pain
- 1 sudu besar madu
- 1 buah delima, dibelah dua memanjang
- 3 sudu besar molase delima
- 3 sudu besar feta, hancur
- 2 sudu besar pasli daun rata, dicincang
- Garam dan lada hitam

ARAHAN:

a) Panaskan ketuhar kepada 200C/400F/tanda gas 6. Gosok articok dengan baik dan kemudian belah dua atau perempatkannya bergantung pada saiz.

b) Letakkannya di atas dulang pembakar besar dalam satu lapisan dan gerimis dengan 2 sudu besar minyak. Perasakan dengan garam dan lada sulah dan kemudian taburkan dengan biji nigella. Bakar selama 20 minit atau sehingga garing di sekeliling tepi.

c) Masukkan kacang pain dan madu ke dalam articok selama 4 minit terakhir memasak.

d) Sementara itu, tumbuk biji delima. Dengan menggunakan mangkuk besar dan sudu kayu yang berat, pukul bahagian tepi setiap buah delima yang dibelah dua sehingga semua biji keluar. Keluarkan sebarang empulur. Tuangkan jus ke dalam mangkuk kecil dan tambah sirap delima dan baki minyak zaitun. Kacau sebati sehingga sebati.

e) Apabila articok dan kacang pain sudah siap, sudukan di atas pinggan hidangan dengan biji ditaburkan. Tuangkan dressing ke atas segalanya dan selesaikan dengan taburan feta dan pasli untuk dihidangkan.

5.Lasagna Bayam dan Ubi Manis

BAHAN-BAHAN:
- 2 hingga 3 ubi keledek besar (kira-kira 2 paun), dikupas dan dipotong menjadi bulat ½ inci
- 2 kepala kembang kol besar, potong bunga
- ¼ cawan kacang pain, dibakar
- Susu badam kosong tanpa gula, mengikut keperluan
- 3 sudu besar yis pemakanan, pilihan
- ½ sudu teh buah pala
- 1½ sudu teh garam
- 1 biji bawang besar kuning, kupas dan potong dadu kecil
- 4 ulas bawang putih, kupas dan kisar
- 1 sudu besar thyme cincang
- ½ cawan basil yang dicincang halus
- 12 cawan bayam (kira-kira 2 paun)
- Garam dan lada hitam yang baru dikisar secukup rasa
- 12 auns bijirin penuh atau mi lasagna tepung articok Yerusalem, dimasak mengikut arahan pakej, toskan dan bilas sehingga sejuk

ARAHAN:

a) Letakkan ubi keledek dalam dandang berganda atau bakul pengukus dan kukus selama 6 minit, atau sehingga lembut tetapi tidak lembek. Bilas sehingga sejuk, kemudian toskan dan ketepikan.

b) Kukus kembang kol selama 6 hingga 8 minit sehingga sangat lembut. Satukan kembang kol dan kacang pain dalam pengisar, dalam kelompok jika perlu, dan puri sehingga licin dan berkrim, tambah susu badam jika perlu. Masukkan puri ke dalam mangkuk besar dan kacau dalam yis pemakanan (jika menggunakan), buah pala dan garam. Mengetepikan.

c) Letakkan bawang dalam kuali besar dan tumis dengan api sederhana selama 10 minit. Tambah air 1 hingga 2 sudu pada satu masa supaya ia tidak melekat pada kuali.

d) Masukkan bawang putih, thyme, basil, dan bayam dan masak selama 4 hingga 5 minit, atau sehingga bayam layu. Masukkan ke dalam puri bunga kobis dan gaul rata. Perasakan dengan tambahan garam dan lada sulah.

e) Panaskan ketuhar hingga 350°F.

f) Untuk memasang lasagna, tuangkan 1 cawan campuran kembang kol ke bahagian bawah hidangan pembakar 9 × 13 inci. Masukkan lapisan mee lasagna. Letakkan lapisan ubi keledek di atas mee.

g) Tuangkan 1½ cawan campuran kembang kol ke atas ubi keledek. Teratas dengan satu lagi lapisan mi, diikuti dengan lapisan ubi keledek.

h) Tambah satu lagi lapisan campuran kembang kol. Teratas dengan lapisan akhir mi dan baki sos kembang kol. Tutup dengan aluminium foil dan bakar selama 30 minit.

i) Buka tutup dan bakar selama 15 minit lagi, atau sehingga kaserol panas dan berbuih. Biarkan selama 15 minit sebelum dihidangkan.

6.Ayam Panggang dengan Artichoke Jerusalem

BAHAN-BAHAN:
- 1 lb / 450 g articok Jerusalem, dikupas dan dipotong memanjang menjadi 6 hirisan ⅔ inci / 1.5 cm tebal
- 3 sudu besar jus lemon yang baru diperah
- 8 paha ayam berkulit, masuk tulang, atau 1 ayam keseluruhan sederhana, dibelah empat
- 12 pisang atau bawang merah besar lain, dibelah dua memanjang
- 12 ulas bawang putih besar, dihiris
- 1 lemon sederhana, dibelah dua memanjang dan kemudian dihiris sangat nipis
- 1 sudu kecil benang kunyit
- 3½ sudu besar / 50 ml minyak zaitun
- ¾ cawan / 150 ml air sejuk
- 1¼ sudu besar lada merah jambu, ditumbuk sedikit
- ¼ cawan / 10 g daun thyme segar
- 1 cawan / 40 g daun tarragon, dicincang
- 2 sudu kecil garam
- ½ sudu kecil lada hitam yang baru dikisar

ARAHAN:

a) Masukkan artichoke Yerusalem dalam periuk sederhana, tutup dengan banyak air, dan tambah separuh jus lemon. Didihkan, kecilkan api, dan reneh selama 10 hingga 20 minit, sehingga lembut tetapi tidak lembut. Toskan dan biarkan sejuk.

b) Letakkan articok Yerusalem dan semua bahan yang tinggal, tidak termasuk jus lemon yang tinggal dan separuh daripada tarragon, dalam mangkuk adunan yang besar dan gunakan tangan anda untuk mencampurkan semuanya dengan baik. Tutup dan biarkan untuk perap di dalam peti sejuk semalaman, atau sekurang-kurangnya 2 jam.

c) Panaskan ketuhar kepada 475°F / 240°C. Susun kepingan ayam, kulit menghadap ke atas, di tengah-tengah kuali pembakar dan ratakan bahan-bahan yang tinggal di sekeliling ayam. Bakar selama 30 minit.

d) Tutup kuali dengan aluminium foil dan masak selama 15 minit lagi. Pada ketika ini, ayam harus dimasak sepenuhnya.

e) Keluarkan dari ketuhar dan masukkan tarragon yang dikhaskan dan jus lemon. Kacau rata, rasa, dan tambah garam jika perlu. Hidangkan sekali gus.

7.Articok mentah & salad herba

BAHAN-BAHAN:
- 2 atau 3 articok glob besar (1½ lb / 700 g kesemuanya)
- 3 sudu besar jus lemon yang baru diperah
- 4 sudu besar minyak zaitun
- 2 cawan / 40 g arugula
- ½ cawan / 15 g daun pudina koyak
- ½ cawan / 15 g daun ketumbar koyak
- 1 oz / 30 g pecorino toscano atau keju romano, dicukur nipis
- Garam laut Maldon dan lada hitam yang baru dikisar

ARAHAN:
a) Sediakan semangkuk air yang dicampur dengan separuh daripada jus lemon. Keluarkan batang dari 1 articok dan tarik daun luar yang keras.
b) Sebaik sahaja anda mencapai daun yang lebih lembut dan pucat, gunakan pisau yang besar dan tajam untuk memotong bunga supaya anda ditinggalkan dengan bahagian bawah.
c) Gunakan pisau kecil yang tajam atau pengupas sayur untuk mengeluarkan lapisan luar articok sehingga pangkal atau bawahnya terdedah.
d) Kikis "cekik" yang berbulu dan letakkan asasnya ke dalam air berasid. Buang selebihnya, kemudian ulangi dengan articok yang lain.
e) Toskan articok dan keringkan dengan tuala kertas. Menggunakan mandolin atau pisau besar dan tajam, potong articok menjadi kepingan nipis kertas dan pindahkan ke mangkuk adunan yang besar.
f) Perahkan jus lemon yang tinggal, tambah minyak zaitun, dan gaul rata. Anda boleh meninggalkan articok sehingga beberapa jam jika anda suka, pada suhu bilik.
g) Apabila sedia untuk dihidangkan, masukkan arugula, pudina dan ketumbar ke dalam articok dan perasakan dengan ¼ sudu teh garam dan banyak lada hitam yang baru dikisar.
h) Tos perlahan-lahan dan susun di atas pinggan hidangan. Hiaskan dengan serutan pecorino.

8.Articok sumbat dengan kacang & dill

BAHAN-BAHAN:
- 14 oz / 400 g daun bawang, dipotong dan dipotong menjadi kepingan ¼ inci / 0.5cm
- 9 oz / 250 g daging lembu kisar
- 1 biji telur jarak jauh yang besar
- 1 sudu kecil lada sulah
- 1 sudu kecil kayu manis tanah
- 2 sudu kecil pudina kering
- 12 articok glob sederhana atau bahagian bawah articok beku yang dicairkan (lihat pengenalan)
- 6 sudu besar / 90 ml jus lemon yang baru diperah, ditambah jus ½ lemon jika menggunakan articok segar
- ⅓ cawan / 80 ml minyak zaitun
- tepung serba guna, untuk menyalut articok
- kira-kira 2 cawan / 500 ml stok ayam atau sayur-sayuran
- 1⅓ cawan / 200 g kacang polong beku
- ⅓ oz / 10 g dill, dicincang kasar
- garam dan lada hitam yang baru dikisar

ARAHAN:

a) Rebus daun bawang dalam air mendidih selama 5 minit. Toskan, segarkan, dan perah airnya.

b) Cincang kasar daun bawang dan masukkan ke dalam mangkuk adunan bersama-sama dengan daging, telur, rempah ratus, pudina, 1 sudu teh garam, dan banyak lada. Kacau hingga sebati.

c) Jika anda menggunakan articok segar, sediakan mangkuk dengan air dan jus ½ lemon. Keluarkan tangkai dari articok dan tarik daun luar yang keras. Sebaik sahaja anda mencapai daun yang lebih lembut dan pucat, gunakan pisau tajam yang besar untuk memotong bunga supaya anda dibiarkan dengan bahagian bawah. Gunakan pisau kecil yang tajam atau pengupas sayur untuk mengeluarkan lapisan luar articok sehingga pangkal atau bawahnya terdedah. Kikis "cekik" yang berbulu dan letakkan asasnya ke dalam air berasid. Buang selebihnya, kemudian ulangi dengan articok yang lain.

d) Masukkan 2 sudu besar minyak zaitun ke dalam periuk yang cukup lebar untuk menampung articok dalam keadaan rata dan panaskan dengan api sederhana. Isi setiap bahagian bawah articok dengan 1 hingga 2 sudu besar campuran daging lembu, tekan inti. Perlahan-lahan canai bahagian bawah dalam sedikit tepung, salutkan sedikit dan goncang lebihan. Goreng dalam minyak panas selama 1½ minit pada setiap sisi. Lap kuali hingga bersih dan kembalikan articok ke dalam kuali, susunkannya rata dan kemas bersebelahan.

e) Campurkan stok, jus lemon, dan baki minyak dan perasakan dengan garam dan lada. Sendukkan sudu cecair ke atas articok sehingga hampir, tetapi tidak sepenuhnya, tenggelam; anda mungkin tidak memerlukan semua cecair. Letakkan sekeping kertas minyak di atas articok, tutup kuali dengan penutup, dan reneh dengan api perlahan selama 1 jam. Apabila ia siap, hanya tinggal kira-kira 4 sudu besar cecair. Jika perlu, keluarkan penutup dan kertas dan kurangkan sos. Ketepikan kuali sehingga articok hanya hangat atau pada suhu bilik.

f) Apabila sedia untuk dihidangkan, rebus kacang polong selama 2 minit. Toskan dan tambahkannya dan dill ke dalam kuali dengan articok, musim secukup rasa, dan campurkan semuanya dengan lembut.

9. Artichoke Cilantro Cocktail

BAHAN-BAHAN:
- 4 articok Yerusalem
- 1 tandan ketumbar segar, kira-kira 1 cawan
- 4 lobak besar, ekor dan dipotong
- 3 lobak merah sederhana, dipotong

ARAHAN:
a) Proseskan articok Jerusalem, satu demi satu, melalui pemerah jus elektronik anda mengikut arahan pengilang.
b) Gulungkan ketumbar ke dalam bola untuk dimampatkan dan ditambah.
c) Masukkan lobak dan lobak merah.
d) Campurkan jus dengan teliti untuk menggabungkan dan hidangkan di atas ais seperti yang dikehendaki.

KOHLRABI

10.Kohlrabi Schnitzel

BAHAN-BAHAN:
- 1 kohlrabi besar
- minyak goreng
- ¼ cawan tepung serba guna
- ½ cawan air
- ½ sudu teh serbuk paprika
- ½ sudu teh garam

MEMORI
- ⅓ cawan serbuk roti
- ½ sudu teh garam
- ½ sudu teh serbuk paprika
- 1 sudu kecil biji labu ditumbuk
- 1 sudu kecil bijan

ARAHAN:

a) Basuh kohlrabi dan keluarkan daun yang tinggal. kohlrabi hendaklah dipotong menjadi 4-6 keping.

b) Menggunakan pengupas sayuran, keluarkan lapisan luar.

c) Didihkan air dalam periuk besar dan masukkan hirisan kohlrabi. Biarkan selama 10 minit masa memasak. Di tengah, mereka harus mula menjadi lut sinar. Kemudian toskannya, keringkan dengan tuala kertas, dan letakkannya supaya sejuk.

d) bahan pelapis dalam mangkuk yang berasingan.

e) Salutkan hirisan kohlrabi dalam roti apabila ia cukup sejuk untuk dikendalikan.

f) Panaskan minyak goreng dalam kuali besar dan masukkan Kohlrabi Schnitzel yang telah dilapisi tepung roti.

g) Masak selama kira-kira 5 minit setiap sisi dengan api sederhana tinggi. Di kedua-dua belah pihak, mereka harus berwarna emas dan rangup.

h) Letakkannya di atas tuala kertas untuk menyerap lebihan minyak selepas menggoreng dan nikmati!

11. Kohlrabi Slaw

BAHAN-BAHAN:
- 2 kohlrabi bersaiz sederhana, kupas dan parut
- 1 lobak merah besar, kupas dan parut
- 1/4 cawan mayonis
- 1 sudu besar mustard Dijon
- 1 sudu besar cuka epal
- Garam dan lada sulah secukup rasa

ARAHAN:
a) Dalam mangkuk besar, satukan kohlrabi parut dan lobak merah.
b) Dalam mangkuk yang berasingan, pukul bersama mayonis, mustard Dijon, dan cuka sari apel.
c) Tuangkan dressing ke atas sayur-sayuran dan toskan sehingga bersalut.
d) Perasakan dengan garam dan lada sulah secukup rasa.
e) Sejukkan dalam peti sejuk selama sekurang-kurangnya 30 minit sebelum dihidangkan.

12. Kohlrabi panggang

BAHAN-BAHAN:
- 4 kohlrabi bersaiz sederhana, dikupas dan dipotong menjadi kiub
- 2 sudu besar minyak zaitun
- 1 sudu kecil serbuk bawang putih
- 1 sudu kecil paprika
- Garam dan lada sulah secukup rasa
- Pasli segar, dicincang (untuk hiasan)

ARAHAN:
a) Panaskan ketuhar hingga 400°F (200°C).
b) Toskan kiub kohlrabi dengan minyak zaitun, serbuk bawang putih, paprika, garam dan lada sulah.
c) Sapukan kohlrabi pada lembaran penaik dalam satu lapisan.
d) Bakar selama 25-30 minit atau sehingga bahagian tepi berwarna perang keemasan.
e) Hiaskan dengan pasli cincang sebelum dihidangkan.

13. Kohlrabi dan Gratin Kentang

BAHAN-BAHAN:
- 2 biji kohlrabi, dikupas dan dihiris nipis
- 2 biji kentang, dikupas dan dihiris nipis
- 1 cawan parut keju Gruyere
- 1 cawan krim berat
- 2 ulas bawang putih, dikisar
- Garam dan lada sulah secukup rasa

ARAHAN:
a) Panaskan ketuhar hingga 375°F (190°C).
b) Lapiskan kohlrabi dan kentang dalam loyang yang telah digris.
c) Dalam mangkuk, campurkan krim kental, bawang putih cincang, garam dan lada sulah.
d) Tuangkan campuran krim ke atas sayur-sayuran.
e) Teratas dengan keju Gruyere parut.
f) Bakar selama 45-50 minit atau sehingga bahagian atas berwarna perang keemasan dan berbuih.

14.Kohlrabi dan Sup Epal

BAHAN-BAHAN:
- 3 kohlrabi, dikupas dan dipotong dadu
- 2 biji epal, dikupas, dibuang inti dan dipotong dadu
- 1 bawang, dicincang
- 4 cawan sup sayur
- 1/2 cawan krim berat
- Garam dan lada sulah secukup rasa
- Daun bawang untuk hiasan

ARAHAN:
a) Dalam periuk besar, tumis bawang sehingga lut sinar.
b) Masukkan kohlrabi dan epal, tumis selama 5 minit.
c) Tuangkan sup sayur-sayuran, biarkan mendidih, kemudian reneh sehingga kohlrabi lembut.
d) Gunakan pengisar rendaman untuk memurnikan sup sehingga halus.
e) Masukkan krim kental dan perasakan dengan garam dan lada sulah.
f) Hiaskan dengan daun kucai yang dihiris sebelum dihidangkan.

15.Kohlrabi dan Kacang kuda Tumis

BAHAN-BAHAN:
- 2 kohlrabi, dikupas dan dicincang
- 1 tin kacang, toskan dan bilas
- 1 lada benggala merah, dihiris
- 2 sudu besar kicap
- 1 sudu besar minyak bijan
- 1 sudu besar cuka beras
- 1 sudu teh halia, parut
- 2 ulas bawang putih, dikisar
- Bawang hijau, dihiris (untuk hiasan)

ARAHAN:
a) Panaskan minyak bijan dalam kuali atau kuali besar.
b) Masukkan kohlrabi, kacang ayam, dan lada benggala. Tumis selama 5-7 minit sehingga sayur-sayuran empuk.
c) Dalam mangkuk kecil, campurkan kicap, cuka beras, halia, dan bawang putih.
d) Tuangkan sos ke atas sayur-sayuran dan kacau hingga rata.
e) Hiaskan dengan hirisan bawang hijau sebelum dihidangkan.

JICAMA

16. Mangkuk Sushi Avokado

BAHAN-BAHAN:
- 1½ cawan nasi Sushi Tradisional yang disediakan
- ¼ jicama, dikupas dan dipotong menjadi batang mancis
- ½ lada cili jalapeño, buang biji dan cincang kasar
- Jus ½ kapur
- 4 sudu besar Sushi Rice Dressing
- ¼ alpukat, dikupas, dibiji, dan dipotong menjadi kepingan nipis
- 2 tangkai ketumbar segar, untuk hiasan

ARAHAN:
a) Campurkan batang mancis jicama, jalapeño cincang, jus limau nipis dan Sushi Rice Dressing dalam mangkuk.
b) Biarkan perisa sebati selama sekurang-kurangnya 10 minit.
c) Toskan cecair dari campuran jicama.
d) Basahkan hujung jari anda sebelum menambah ¾ cawan Nasi Sushi ke dalam setiap mangkuk.
e) Ratakan permukaan nasi dengan lembut.
f) Letakkan ½ jicama yang telah diperap di atas setiap mangkuk.
g) Bahagikan hirisan alpukat antara 2 mangkuk, di atas nasi.
h) Untuk menghidangkan, atas setiap mangkuk dengan setangkai ketumbar segar dan Sos Ponzu.

17. Spam panggang dan salad kentang

BAHAN-BAHAN:
- 1 tin daging makan tengah hari Spam
- 1 Bawang; dipotong menjadi kepingan
- 3 lada jalapeno; Dipotong dadu
- 2 cawan jicama bersegmen
- 2 cawan dikupas; Epal tart bersegmen
- 2 cawan Zucchini bersegmen
- ½ cawan Minyak
- 2 sudu besar salsa panas Chi-Chi
- 1 sudu besar Cuka
- ½ sudu teh lada hitam dikisar

ARAHAN:

a) Dalam griddle di atas api sederhana -tinggi, masak Spam, bawang dan lada jalapeno selama 7 hingga 10 minit atau ke atas sehingga perang.

b) Dalam hidangan , Campurkan jicama, epal dan zucchini. Dalam hidangan kecil , pukul bersama minyak, salsa, cuka dan lada. spurt dressing atas campuran jicama; campurkan kepada Campurkan .

c) Untuk menghidang, letakkan campuran sayur-sayuran di sekeliling campuran Spam hangat.

18. Gulung Bunga Laut Goreng

BAHAN-BAHAN:
PENGISIAN:
- 8 auns bihun nipis (sanggul)
- 6 cendawan cina kering
- 1 sudu besar Cendawan telinga pokok kering
- 6 Buah berangan air atau ½ jicama kecil, dikupas dan dicincang
- 4 auns Daging ketam ketulan segar atau dalam tin, dipetik dan toskan
- 8 auns Udang mentah, dikupas kulit, dikeringkan dan dikisar
- 12 auns Bahu daging babi yang dikisar
- 1 Bawang sederhana, dikisar
- 4 Bawang merah, dikisar
- 4 ulas bawang putih, dikisar
- 2 sudu besar Nuoc mam (sos ikan Vietnam)
- 1 sudu teh Lada hitam yang baru dikisar
- 3 biji telur

PERHIMPUNAN DAN MENGGORENG:
- ½ cawan Gula
- 80 pusingan kecil kertas beras, setiap satu berdiameter 6 ½ inci
- Minyak kacang, untuk menggoreng
- Nuoc Cham
- Pinggan Sayur

ARAHAN:
a) Mulakan dengan merebus mee sehingga masak.
b) Juga, sediakan Nuoc Cham dan Pinggan Sayur. Ketepikan mereka.

SEDIAKAN PENGISIAN:
c) Rendam kedua-dua jenis cendawan dalam air panas sehingga lembut, lebih kurang 30 minit. Toskan mereka dan keluarkan batangnya. Perah cendawan untuk mengeluarkan lebihan cecair, kemudian kisarkannya.
d) Dalam mangkuk besar, satukan cendawan cincang dengan semua bahan inti lain .
e) Gunakan tangan anda untuk mencampurkan semuanya dengan teliti. Ketepikan adunan inti.

MASUKKAN GULUNG:
f) Isikan mangkuk adunan dengan 4 cawan air suam dan larutkan gula di dalamnya. Air manis ini akan membantu melembutkan kertas nasi dan memberikan warna keemasan yang mendalam apabila digoreng.

g) Bekerja dengan hanya 4 helai kertas beras pada satu masa, pastikan selebihnya ditutup dengan kain yang hampir tidak lembap untuk mengelakkan lencong. Tenggelamkan satu helaian dalam air suam dan keluarkan dengan cepat, ratakan di atas tuala kering. Pastikan helaian tidak bersentuhan antara satu sama lain, kerana ia akan menjadi lentur dalam beberapa saat.

h) Lipat sepertiga bahagian bawah setiap pusingan kertas beras. Letakkan 1 sudu teh inti yang banyak di tengah bahagian yang dilipat dan tekan ke dalam segi empat tepat padat. Lipat satu sisi kertas di atas campuran, kemudian sisi yang lain. Gulung dari bawah ke atas untuk memasukkan inti sepenuhnya. Ulangi proses ini sehingga semua adunan inti digunakan.

GORENG GULUNG:

i) Kalau boleh guna 2 kuali untuk menggoreng. Tuangkan 1 hingga 1½ inci minyak kacang ke dalam setiap kuali dan panaskan hingga 325°F (163°C).

j) Dalam kelompok, tambahkan beberapa gulung pada setiap kuali, pastikan ia tidak sesak atau bersentuhan antara satu sama lain untuk mengelakkan melekat. Goreng dengan api sederhana selama 10 hingga 12 minit, sering diputar sehingga menjadi keemasan dan garing.

k) Menggunakan penyepit, keluarkan gulungan goreng dan biarkan ia toskan di atas tuala kertas. Pastikan mereka hangat dalam ketuhar yang rendah semasa anda menggoreng gulungan yang tinggal.

l) Secara tradisinya, Cha Gio dihidangkan dengan iringan yang dicadangkan: daun salad, helai mi dan pelbagai bahan daripada Pinggan Sayur, semuanya dibungkus dan dicelup dalam Nuoc Cham.

m) Untuk pilihan hidangan alternatif, bahagikan mee dan bahan Pinggan Sayuran sama rata di antara mangkuk individu. Hiaskan setiap satu dengan potongan Cha Gio, kacang tanah yang dikisar dan Nuoc Cham.

n) Sebagai pembuka selera yang cepat dan mudah, Cha Gio boleh dihidangkan hanya dengan Nuoc Cham.

19.Teh laici hitam salai udang galah

BAHAN-BAHAN:
- 2 udang galah Maine
- 2 cawan nasi putih
- 2 cawan gula perang
- 2 cawan Teh Laici Hitam
- 2 Mangga masak
- ½ cawan Tongkat jicama
- ½ cawan Chiffonade pudina
- ½ cawan Basil chiffonade
- 1 cawan Benang kacang hijau , dicelur
- Sos ikan ketam
- 8 Helaian kertas beras

ARAHAN:
a) Panaskan kuali hotel dalam sehingga sangat panas.
b) Masukkan beras, gula, dan teh ke dalam kuali yang dalam dan segera letakkan udang galah dalam kuali berlubang cetek di atas.
c) Kedap dengan cepat dengan kerajang aluminium. Apabila perokok mula merokok, hisap udang galah selama 10 minit dengan api perlahan atau sehingga masak. Sejukkan udang galah kemudian potong ekor menjadi jalur panjang.
d) Satukan jicama, pudina, selasih, dan benang kacang dan toskan dengan sos ikan.
e) Rendam kertas beras dalam air suam dan letakkan beberapa adunan di atas kertas yang telah dilembutkan. Tatah jalur lobster salai dan hirisan mangga.
f) Canai dan biarkan selama 10 minit. Balut gulung secara individu dengan ketat dengan bungkus plastik untuk memastikan mengekalkan kelembapan.

20.Tuna Carpaccio Jicama ceviche

BAHAN-BAHAN:
- 1 paun tuna gred Sushi
- 1 bawang merah; potong dadu halus
- ¼ cawan jagung segar; potong dadu halus
- 1 cawan Jicama; potong dadu halus
- 1 Lemon; berjus
- 1 limau nipis; berjus
- 1 oren; berjus
- 1 tandan kucai
- ½ cawan serbuk wasabi
- 1 cawan Air

ARAHAN:

a) Potong tuna kepada 6 bahagian yang sama, sapu minyak pada kertas berlilin, dan letakkan kertas di antara setiap kepingan tuna. Tumbuk mengikut saiz yang dikehendaki dengan pemotong daging kemudian sejukkan dalam peti ais.

b) Dalam mangkuk sederhana, masukkan semua sayur-sayuran bersama-sama dan semua jus daripada limau, limau, dan oren. Biarkan semuanya memerah selama 10 minit. Toskan cecair. Sejukkan pinggan.

c) Keluarkan Carpaccio dari peti ais dan kupas lapisan atas kertas lilin dan balikkan tuna ke atas pinggan kemudian sudu ceviche sama rata antara semua pinggan.

d) Campurkan wasabi dan air dan masukkan ke dalam botol semburan. Gerimis di atas.

21. Kentang Goreng Jicama Bakar dengan Dip Limau Ketumbar

BAHAN-BAHAN:
UNTUK JICAMA Fries
- 1 jicama besar
- 1 sudu besar minyak zaitun
- ½ sudu teh serbuk cili
- ¼ sudu teh jintan manis
- ¼ sudu teh serbuk bawang putih
- Garam dan lada sulah secukup rasa

UNTUK DIP LIME-CILANTRO:
- ½ cawan yogurt Yunani biasa
- 1 sudu besar jus limau nipis
- 1 sudu besar cilantro segar yang dicincang
- Garam secukup rasa

ARAHAN:
a) Panaskan ketuhar hingga 425°F (220°C) dan alaskan loyang dengan kertas parchment.
b) Kupas jicama dan potong menjadi jalur seperti goreng.
c) Dalam mangkuk, toskan goreng jicama dengan minyak zaitun, serbuk cili, jintan putih, serbuk bawang putih, garam dan lada sulah sehingga bersalut.
d) Susun goreng jicama dalam satu lapisan pada loyang.
e) Bakar selama 25-30 minit, terbalikkan separuh, sehingga kentang goreng lembut dan rangup.
f) Sementara itu, sediakan saus limau ketumbar dengan menggabungkan yogurt Yunani, jus limau nipis, ketumbar cincang, dan garam dalam mangkuk.
g) Kacau sehingga sebati.
h) Keluarkan kentang goreng jicama dari ketuhar dan hidangkan panas dengan saus limau ketumbar.

22. Jagung manis, salad jicama dengan tequila

BAHAN-BAHAN:
- 6 Telinga jagung
- 2 Jicama
- 1 lada merah, dihiris halus
- 1 lada kuning, potong dadu halus
- 3 Bayi bayam
- 2 sudu besar kacang Pine

PERSALINAN:
- Jus 3 biji limau purut
- 2 sudu besar Tequila
- 1 sudu teh cuka wain putih
- ½ cawan minyak zaitun
- 1 secubit Jintan Manis
- 1 secubit Cayenne

ARAHAN:

a) Masak jagung dalam air masin sehingga empuk. Keluarkan jagung dari tongkol.
b) Kupas dan julienne jicama. Potong dadu lada merah dan kuning.
c) Masukkan semua bahan untuk sos dalam periuk sos sederhana kecuali minyak dan biarkan mendidih.
d) Emulsi minyak perlahan-lahan ke dalam pangkalan dan simpan.
e) Gaulkan bayam, jicama, dan jagung bersama-sama dan berpakaian.
f) Bahagikan sama rata antara enam pinggan dan hiaskan dengan lada dan pinon.

23. Salad buah selasih jicama

BAHAN-BAHAN:
- 1 cawan Anggur, merah, tanpa biji
- 1 cawan Anggur, hijau, tanpa biji
- 1 cawan Cantaloupe, honeydew, atau mangga, dipotong dadu
- 1 cawan ketulan nanas, segar
- 1 Oren, dikupas, dihiris dan dibelah empat
- 1 Nektarin, dipotong dadu
- ½ cawan Strawberi dibelah dua
- ½ cawan Jicama, dikupas, dipotong menjadi kepingan batang mancis
- ¼ cawan jus oren
- 1 sudu besar Basil, segar, dicincang ATAU
- 1 sudu teh Basil, kering, dihancurkan
- Mata air selasih, pilihan

ARAHAN:
a) Dalam mangkuk bersaiz sederhana, satukan semua bahan kecuali tangkai selasih, dan kacau perlahan-lahan.
b) Untuk menghidangkan, hiaskan dengan setangkai basil.

SELERIAK

24. Souffle saderi & Keju

BAHAN-BAHAN:
- 1¾ cawan celeriac, dikupas dan dipotong dadu
- 2 biji telur jarak jauh
- ½ cawan susu 2% lemak separuh skim
- 1 sudu besar tepung jagung
- 4 sudu besar keju matang separuh lemak, parut
- 2 sudu besar parmesan parut halus
- ¼ sudu teh buah pala yang baru diparut
- ¼ sudu teh garam laut, dibahagikan
- ¼ sudu teh lada hitam yang baru dikisar
- 2 semburan semburan minyak zaitun

ARAHAN:
a) Panaskan ketuhar kepada 170C Kipas, 375F, Gas Mark 5. Griskan bahagian dalam 2 ramekin kalis ketuhar dan tetapkannya ke dalam hidangan pembakar.
b) Kupas celeriac dan potong menjadi kepingan. Masukkan ini dan ⅛ sudu teh garam ke dalam periuk air mendidih dan masak selama 4-5 minit sehingga lembut.
c) Toskan celeriac dan puree dalam pemproses makanan mini sehingga halus, kemudian pindahkan ke mangkuk.
d) Jika anda tidak mempunyai pemproses makanan mini, hanya tumbuk celeriac dalam mangkuk dengan garpu sehingga halus.
e) Perasakan celeriac dengan garam, lada sulah, dan buah pala yang baru diparut. Parut keju dan campurkan.
f) Asingkan telur, letakkan putih telur dalam mangkuk bersih dan masukkan kuning telur ke dalam mangkuk dengan celeriac.
g) Pukul kuning telur ke dalam puri celeriac dan ketepikan.
h) Kendurkan tepung jagung bersama susu dan tuang adunan ke dalam periuk.
i) Panaskan dengan api sederhana, pukul sepanjang masa, sehingga sos pekat, kemudian masak selama satu minit lagi.
j) Masukkan 5 sudu besar campuran keju parut ke dalam sos dan pukul sehingga ia cair. Jangan risau bahawa sos anda jauh lebih pekat daripada sos tuang, sos pekat ini adalah konsistensi yang betul untuk membuat soufflé.
k) Lipat sos keju ke dalam adunan celeriac.
l) Letakkan cerek di atas mendidih.

m) Menggunakan pukul bersih, pukul putih telur sehingga ia membentuk puncak kaku tetapi jangan terlalu banyak.
n) Putih telur harus padat dan puncaknya mengekalkan bentuknya tanpa meninggalkan putih cair.
o) Gunakan spatula atau sudu logam, dan lipat 1 sudu besar ke dalam campuran celeriac untuk meringankannya.
p) Kemudian masukkan separuh baki putih telur ke dalam adunan celeriac.
q) Dengan sentuhan ringan, lipat dengan cepat, potong adunan dan terbalikkan, sehingga semuanya sebati tetapi masih ringan dan lapang.
r) Ulangi dengan baki putih telur yang dipukul. Tuangkan adunan secara rata di antara ramekin yang disediakan dan taburkan ke atas baki keju parut.
s) Tetapkan ramekin ke dalam hidangan panggang dan tuangkan dengan teliti kira-kira 2.5 cm/1" air mendidih ke dalam hidangan panggang, berhati-hati agar tidak memercikkan ramekin.
t) Masukkan ke dalam ketuhar dan masak selama 20-25 minit sehingga soufflé kembang dan perang keemasan.
u) Hidangkan terus dari ramekin dan makan segera!

25. Sup Saderi dan Epal dengan Kacang Walnut Ditumbuk

BAHAN-BAHAN:
- 1 biji bawang, dikupas dan dicincang kasar
- 1 celeriac (600–800g), dikupas dan dipotong dadu
- 2 biji epal Cox, dikupas, dibuang inti dan dicincang kasar
- 2 sudu besar minyak zaitun
- 1 sudu besar daun thyme
- 1 liter stok sayuran
- Garam laut dan lada hitam atau putih yang baru dikisar
- Untuk berkhidmat
- Segenggam besar walnut, dicincang kasar
- Minyak zaitun dara tambahan, untuk gerimis

ARAHAN:
a) Sediakan bawang, celeriac dan epal seperti yang disenaraikan.
b) Letakkan periuk besar di atas api sederhana dan masukkan minyak zaitun. Apabila panas, masukkan bawang dengan secubit garam dan masak selama 4-5 minit, atau sehingga lembut tetapi tidak berwarna.
c) Masukkan celeriac, epal dan daun thyme dan masak selama 5 minit.
d) Tuangkan stok sayur dan biarkan mendidih. Teruskan mereneh selama 5 minit lagi, atau sehingga celeriac lembut.
e) Keluarkan kuali dari api dan gunakan pengisar kayu untuk mengadun dengan teliti. Perasakan dengan garam dan lada sulah, kemudian rasa dan tambah lagi perasa jika perlu.
f) Sendukkan ke dalam mangkuk hangat, taburkan dengan kacang kenari yang dicincang dan gerimis dengan sedikit minyak zaitun dara tambahan sebelum dihidangkan.

26.Pork Schnitzel dengan Celeriac Remoulade

BAHAN-BAHAN:
- 2 x 220g daging babi tanpa tulang
- 50g tepung biasa
- 1 biji telur
- 80g serbuk roti segar
- 1 sudu teh dill kering
- 1 sudu kecil paprika
- Minyak sayuran, untuk menggoreng
- Garam laut dan lada hitam yang baru dikisar
- Untuk remoulade
- 200g celeriac, dikupas dan dicincang
- 2 sudu besar mayonis
- 1 sudu teh mustard bijirin penuh
- 2 sudu besar krim masam
- 1 sudu besar pasli daun rata yang dicincang halus
- Perahan jus lemon

UNTUK BERKHIDMAT
- 2 genggam kecil selada air
- Biji lemon (pilihan)

ARAHAN:

a) Menggunakan pisau tajam, potong lemak dari setiap potong daging babi. Letakkannya di antara dua kepingan filem berpaut dan gunakan palu atau pin penggelek untuk meratakannya sehingga ketebalan 5mm.

b) Masukkan tepung ke dalam mangkuk cetek, perasakan dengan garam dan lada sulah dan gaul rata. Pukul perlahan telur dalam mangkuk cetek kedua. Masukkan serbuk roti ke dalam mangkuk cetek ketiga dan campurkan dill dan paprika. Perasakan kedua-dua belah chop, kemudian salutkan setiap satunya dengan tepung, kemudian dalam telur dan terakhir dalam serbuk roti.

c) Untuk remoulade, masukkan celeriac, mayonis, mustard, krim masam dan pasli ke dalam mangkuk besar dan gaul rata. Masukkan sedikit jus lemon dan perasakan secukup rasa. Mengetepikan.

d) Panaskan minyak sayuran sedalam 1cm dalam kuali. Apabila panas, masukkan schnitzel dengan teliti dan masak selama 2-3 minit pada setiap sisi. Toskan di atas kertas dapur.

e) Hidangkan schnitzel dengan sesudu besar remoulade, segenggam selada air dan hirisan lemon (jika menggunakan) di sisi.

27. Risotto Bawang Putih dengan Puyuh

BAHAN-BAHAN:
- celeriac 1/2 kecil, potong dadu 1cm
- minyak zaitun
- bawang putih 1 mentol, ulas dikupas
- rosemary 1 tangkai
- bawang merah 1, dihiris halus
- daun bawang 1, dihiris halus
- daun thyme 1 sudu teh
- mentega 100g
- nasi risotto 400g
- minyak sayuran
- stok ayam 1.5 liter
- P ecorino 80g, parut halus
- pasli daun rata segenggam kecil, dicincang
- puyuh 4, dibersihkan dan spatchcocked

ARAHAN:
a) Panaskan ketuhar kepada 180C/kipas 160C/gas 4. Letakkan celeriac yang dipotong dadu di atas dulang pembakar. Perasakan dan taburkan dengan sedikit minyak sayuran. Panggang selama 15 minit, atau sehingga lembut dan perang.
b) Sementara itu, masukkan bawang putih, rosemary, dan 100ml minyak zaitun ke dalam kuali kecil (supaya bawang putih tenggelam, tambah lebih banyak minyak jika perlu) dan panaskan perlahan-lahan selama 10 minit, atau sehingga bawang putih lembut dan sedikit keemasan.
c) Angkat, dan sejukkan minyak. Anda boleh menggunakan sisa minyak bawang putih untuk memasak, tetapi simpan di dalam peti sejuk dan gunakan dalam masa seminggu.
d) Goreng bawang merah, daun bawang dan thyme dengan 50g mentega dan 50ml minyak zaitun. musim. Bila sayur dah empuk masukkan beras dan kacau hingga semua biji bersalut.
e) Panaskan perlahan-lahan selama 1 minit untuk memecahkan nasi (ini membolehkan penyerapan lebih mudah).
f) Masukkan 500ml stok ke dalam risotto dan kacau sehingga semuanya diserap. Ulang lagi 2 kali. Ini akan mengambil masa kira-kira 20 minit. Tambahkan lebih banyak stok jika perlu, untuk mendapatkan konsistensi berkrim.
g) Padamkan api apabila nasi empuk, masukkan celeriac, baki mentega, keju dan pasli, dan perasakan. Tutup dengan tudung dan biarkan berehat.
h) Hidupkan ketuhar sehingga 200C/kipas 180C/gas 6. Panaskan kuali griddle dengan api sederhana. Minyak dan perasakan puyuh, kemudian letakkan kulit burung di atas wajan selama 4 minit sehingga keemasan dan hangus.
i) Balikkan dan masak selama 2 minit lagi. Pindahkan ke dalam dulang pembakar, dan panggang selama 10-15 minit sehingga masak dan jusnya menjadi jelas. Rehat selama 2 minit di bawah foil. Bahagikan risotto antara pinggan hangat.
j) Potong puyuh separuh di sepanjang punggungnya dan letakkan di atas risotto. Menggunakan bahagian belakang pisau labu bawang putih confit dan taburkannya.

28. Krim Sup Kupang dengan Safron

BAHAN-BAHAN:
- 750g (1lb 10oz) kerang kecil, dibersihkan
- 4 sudu besar wain putih kering
- 50g (2oz) mentega
- 225g (8oz) celeriac yang dikupas, dicincang
- 125g (4½oz) daun bawang, dihiris
- 1 ulas bawang putih kecil, dicincang
- lebih kurang 750ml stok ikan
- secubit baik helai kunyit
- 175g (6oz) tomato masak anggur
- 4 sudu besar crème fraîche

ARAHAN:

a) Masukkan kerang dan 2 sudu besar wain ke dalam kuali bersaiz sederhana. Letakkan di atas api yang tinggi dan masak selama 2-3 minit atau sehingga kerang baru dibuka.

b) Cairkan mentega dalam kuali yang bersih, masukkan celeriac, daun bawang, bawang putih dan baki wain. Tutup dan masak perlahan-lahan selama 5 minit.

c) Masukkan semua kecuali satu atau dua sudu terakhir minuman keras kerang ke dalam jag penyukat besar dan buat sehingga 900ml bersama stok ikan. Masukkan ke dalam kuali sayur-sayuran bersama kunyit dan tomato, tutup dan reneh perlahan-lahan selama 30 minit.

d) Biarkan sup sejuk sedikit, kemudian gaul hingga rata. Mula-mula melalui penapis, kemudian masukkan sekali lagi melalui chinois ke dalam kuali yang bersih, biarkan mendidih semula. Masukkan crème fraîche dan sedikit perasa secukup rasa.

e) Keluarkan kuali dari api dan kacau kerang untuk menghangatkannya sebentar, tetapi jangan biarkan mereka memasak lebih daripada yang sedia ada.

AKAR TERATAI

29. Akar Teratai & Sup Cendawan

BAHAN-BAHAN:
- 340 g akar teratai, dibersihkan dan dipotong menjadi kepingan
- 40 g lumut laut
- 8 biji cendawan cina
- 8 keping tiram kering
- 2 liter stok ayam jernih

ARAHAN:
a) Rendam cendawan dan potong batangnya hingga bersih.
b) Rendam dan bersihkan tiram kering dan lumut laut.
c) Masukkan semua bahan ke dalam periuk stok dan biarkan ia mendidih.
d) Kecilkan api dan masak selama 2 jam.
e) Perasakan dengan garam.

30. Akar Teratai Dan Jus Tangerine

BAHAN-BAHAN:
- 1 lobak merah
- 1 bahagian akar teratai
- 1 inci halia
- 4 buah jeruk keprok

ARAHAN:
a) Kupas akar teratai, gosok lobak merah, dan buang kulitnya dari akar tangerine dan halia.
b) Jus bahan-bahan dan hidangkan segera!

31. Akar Teratai Tumis dengan Bijan

BAHAN-BAHAN:
- 1 akar teratai, dikupas dan dihiris nipis
- 2 sudu besar minyak bijan
- 1 sudu besar kicap
- 1 sudu besar madu
- 1 sudu kecil bijan
- Bawang hijau, dihiris (untuk hiasan)

ARAHAN:
a) Panaskan minyak bijan dalam kuali atau kuali.
b) Masukkan hirisan akar teratai dan tumis hingga agak empuk.
c) Dalam mangkuk kecil, campurkan kicap dan madu, kemudian tuangkan ke atas akar teratai.
d) Teruskan menggoreng sehingga akar teratai bersalut dan karamel.
e) Taburkan bijan dan hiaskan dengan bawang hijau cincang sebelum dihidangkan.

32.Kerepek Akar Teratai

BAHAN-BAHAN:
- 1 akar teratai, dikupas dan dihiris nipis
- 2 sudu besar minyak zaitun
- Garam dan lada sulah secukup rasa
- Paprika untuk rasa tambahan (pilihan)

ARAHAN:
a) Panaskan ketuhar hingga 375°F (190°C).
b) Kisar hirisan akar teratai dengan minyak zaitun, garam, lada sulah dan paprika.
c) Sebarkan kepingan dalam satu lapisan pada lembaran penaik.
d) Bakar selama 15-20 minit atau sehingga kerepek berwarna perang keemasan dan garing.
e) Biarkan sejuk sebelum dihidangkan.

33. Akar Teratai dan Tumis Babi

BAHAN-BAHAN:
- 1 akar teratai, dikupas dan dihiris nipis
- 1/2 paun daging babi tenderloin, dihiris nipis
- 2 sudu besar kicap
- 1 sudu besar sos tiram
- 1 sudu besar halia, dikisar
- 2 ulas bawang putih, dikisar
- 1 sudu besar minyak sayuran

ARAHAN:
a) Panaskan minyak sayuran dalam kuali atau kuali.
b) Tumis hirisan daging babi hingga keperangan, kemudian masukkan halia dan bawang putih.
c) Masukkan hirisan akar teratai dan teruskan menggoreng sehingga akar teratai lembut.
d) Campurkan kicap dan sos tiram, pastikan semuanya bersalut dengan baik.
e) Hidangkan panas di atas nasi.

34.Salad Akar Teratai dan Udang

BAHAN-BAHAN:
- 1 akar teratai, dikupas dan dikeringkan
- 1/2 paun udang, masak dan dikupas
- 1 biji timun, dihiris nipis
- 2 sudu besar cuka beras
- 1 sudu besar kicap
- 1 sudu teh gula
- 1 sudu teh minyak bijan
- Biji bijan untuk hiasan

ARAHAN:
a) Rebus akar teratai dalam air mendidih selama 2-3 minit, kemudian sejukkan dalam air ais.
b) Dalam mangkuk, satukan akar teratai, udang masak dan hirisan timun.
c) Dalam mangkuk kecil, pukul bersama cuka beras, kicap, gula, dan minyak bijan.
d) Tuangkan dressing ke atas salad dan gaul hingga sebati.
e) Hiaskan dengan bijan sebelum dihidangkan.

35. Akar Teratai dan Sup Ayam

BAHAN-BAHAN:
- 1 akar teratai, dikupas dan dihiris
- 1/2 paun dada ayam, dihiris
- 4 cawan air rebusan ayam
- 1 cawan cendawan shiitake, dihiris
- 1 sudu besar halia, parut
- Garam dan lada sulah secukup rasa
- Ketumbar segar untuk hiasan

ARAHAN:
a) Dalam periuk, masak air rebusan ayam hingga mendidih.
b) Masukkan hirisan akar teratai, ayam, cendawan shiitake, dan halia parut.
c) Reneh hingga akar teratai empuk dan ayam masak.
d) Perasakan dengan garam dan lada sulah secukup rasa.
e) Hiaskan dengan daun ketumbar segar sebelum dihidangkan.

RUTABAGA

36.pasties BBQ

BAHAN-BAHAN:
- 4 kulit pai beku; dicairkan
- 1¼ paun Daging babi yang ditarik
- 4 s sederhana Kentang; dipotong dadu
- 1 Bawang besar; dipotong dadu
- ¼ cawan Rutabaga; dipotong dadu
- 1 lobak merah dipotong dadu
- ½ sudu besar Sage
- ½ sudu besar Thyme
- Garam dan lada

ARAHAN:

a) Campurkan semua bahan dan letakkan ¼ dalam setiap kulit pai. tindih pastri di atas inti untuk membuat pai berbentuk bulan pecahan.

b) Tutup tepi dan potong beberapa celah kecil di bahagian atas.

c) Bakar selama 15 minit.

37. Rutabaga Stew Kentang

BAHAN-BAHAN:
- 1 paun daging lembu tanpa lemak
- 1 bawang, dicincang
- 4 batang saderi, dihiris
- 3/4 cawan sos tomato
- 7 cawan air
- 1/2 cawan baby carrot
- 1 rutabaga kecil, dicincang
- 4 biji kentang besar, dicincang
- 1 kubis kepala kecil, dicincang halus

ARAHAN:
a) Dalam periuk stok, kacau dan masak saderi, bawang dan hamburger dengan api sederhana sehingga daging keperangan. Toskan gris tambahan.
b) Campurkan kentang, rutabaga, lobak bayi, air dan sos tomato. Didih.
c) Reneh selama 20 minit dengan api perlahan.
d) Kacau dalam kubis cincang. Reneh sehingga sayur empuk selama 30-45 minit.

38. Rebusan Daging Sayur Akar

BAHAN-BAHAN:
- 1 paun daging lembu kisar tanpa lemak (90% tanpa lemak)
- 1 bawang sederhana, dicincang
- 2 tin (14-1/2 auns setiap satu) sup daging lembu rendah natrium
- 1 keledek sederhana, dikupas dan dipotong dadu
- 1 cawan lobak merah kiub
- 1 cawan rutabaga dikupas kiub
- 1 cawan parsnip dikupas kiub
- 1 cawan ubi kentang yang dikupas
- 2 sudu besar pes tomato
- 1 sudu teh sos Worcestershire
- 1/2 sudu teh thyme kering
- 1/4 sudu teh garam
- 1/4 sudu teh lada
- 1 sudu besar tepung jagung
- 2 sudu besar air

ARAHAN:
a) Dalam cerek besar atau ketuhar Belanda, masak bawang dan daging lembu dengan api sederhana sehingga tiada lagi merah jambu; kemudian longkang.
b) Masukkan lada, garam, thyme, sos Worcestershire, pes tomato, sayur-sayuran dan sup. Biarkan mendidih. Kurangkan haba; reneh sambil ditutup selama 30-40 minit, sehingga sayur-sayuran empuk.
c) Dalam mangkuk kecil, satukan air dan tepung jagung sehingga licin; campurkan ke dalam rebusan. Tetapkan sehingga mendidih; masak dan gaul selama 2 minit, sehingga pekat.

39. Sosej Turki Dengan Sayur Akar

BAHAN-BAHAN:
- 1 bungkusan (14 auns) kielbasa ayam belanda salai, dipotong menjadi kepingan 1/2 inci
- 1 bawang sederhana, dicincang
- 1 cawan rutabaga dikupas kiub
- 1 cawan lobak merah yang dihiris
- 1 sudu teh minyak canola
- 4 cawan ubi kentang dikupas
- 1 tin (14-3/4 auns) air rebusan ayam kurang natrium
- 1 sudu teh thyme kering
- 1/4 sudu teh sage yang digosok
- 1/4 sudu teh lada
- 1 daun salam
- 1/2 kobis kepala sederhana, potong 6 bahagian
- 1 sudu teh tepung serba guna
- 1 sudu besar air
- 1 sudu besar pasli segar cincang
- 2 sudu teh cuka sari apel

ARAHAN:

a) Masak lobak merah, rutabaga, bawang dan sosej dalam ketuhar Belanda dengan minyak sehingga bawang lembut, atau kira-kira 5 minit. Masukkan daun bay, lada sulah, sage, thyme, sup dan kentang. Didih. Teratas dengan hirisan kubis. Perlahankan api dan reneh, bertutup, sehingga kubis dan kentang empuk, atau kira-kira 20 hingga 25 minit.

b) Pindahkan kubis dengan berhati-hati ke mangkuk hidangan cetek; kemudian panaskan. Keluarkan daun bay. Bancuh air dan tepung hingga menjadi

c) licin; kacau ke dalam adunan sosej. Didihkan dan masak sambil dikacau sehingga pekat, atau lebih kurang 2 minit. Masukkan cuka dan pasli. Masukkan di atas kobis menggunakan sudu.

40.Sup Gulai Hungary yang Kaya

BAHAN-BAHAN:
- 1-1/4 paun daging rebusan daging lembu, dipotong menjadi kiub 1 inci
- 2 sudu besar minyak zaitun, dibahagikan
- 4 bawang sederhana, dicincang
- 6 ulas bawang putih, dikisar
- 2 sudu teh paprika
- 1/2 sudu teh biji jintan, ditumbuk
- 1/2 sudu kecil lada
- 1/4 sudu teh lada cayenne
- 1 sudu teh campuran perasa tanpa garam
- 2 tin (14-1/2 auns setiap satu) sup daging lembu rendah natrium
- 2 cawan ubi kentang yang dikupas
- 2 cawan lobak merah yang dihiris
- 2 cawan rutabagas yang dikupas
- 2 tin (28 auns setiap satu) tomato dipotong dadu, tidak dikeringkan
- 1 lada merah manis besar, dicincang
- 1 cawan (8 auns) krim masam tanpa lemak

ARAHAN:

a) Dalam ketuhar Belanda, daging lembu perang dalam 1 sudu besar minyak di atas api sederhana. Keluarkan daging lembu; biarkan longkang menitis.

b) Seterusnya, panaskan baki minyak dalam kuali yang sama; tumis bawang putih dan bawang besar dengan api sederhana hingga keperangan, 8-10 minit. Masukkan campuran perasa, cayenne, lada, jintan, dan paprika; masak dan kacau seminit.

c) Masukkan semula daging lembu ke dalam kuali. Tambah rutabagas, lobak merah, kentang dan sup; masak sehingga mendidih. Seterusnya, rendahkan haba; tutup dan rebus selama 1 1/2

d) jam, atau sehingga daging hampir empuk dan sayur-sayuran empuk.

e) Masukkan lada merah dan tomato; kembali mendidih. Kemudian kurangkan haba; tutup dan rebus selama 30-40 minit lagi, atau sehingga daging dan sayur-sayuran empuk. Nikmati dengan krim masam.

41. Bakar Soba dengan Sayur Akar

BAHAN-BAHAN:
- Semburan masak minyak zaitun
- 2 biji kentang besar, potong dadu
- 2 lobak merah, dihiris
- 1 rutabaga kecil, dipotong dadu
- 2 batang saderi, dihiris
- ½ sudu teh paprika salai
- ¼ cawan ditambah 1 sudu besar minyak zaitun, dibahagikan
- 2 tangkai rosemary
- 1 cawan gandum soba
- 2 cawan sup sayur
- 2 ulas bawang putih, dikisar
- ½ bawang kuning, dicincang
- 1 sudu teh garam

ARAHAN:
a) Panaskan penggoreng udara hingga 380°F. Sapukan sedikit bahagian dalam hidangan kaserol berkapasiti 5 cawan dengan semburan masak minyak zaitun. (Bentuk hidangan kaserol bergantung pada saiz penggoreng udara, tetapi ia perlu boleh memuatkan sekurang-kurangnya 5 cawan.)
b) Dalam mangkuk besar, toskan kentang, lobak merah, rutabaga, dan saderi dengan paprika dan ¼ cawan minyak zaitun.
c) Tuangkan campuran sayur-sayuran ke dalam hidangan kaserol yang disediakan dan atasnya dengan tangkai rosemary. Letakkan hidangan kaserol ke dalam penggoreng udara dan bakar selama 15 minit.
d) Semasa sayur-sayuran dimasak, bilas dan toskan gergaji soba.
e) Dalam periuk sederhana di atas api sederhana tinggi, satukan groat, sup sayur-sayuran, bawang putih, bawang merah, dan garam dengan baki 1 sudu besar minyak zaitun. Didihkan adunan, kemudian kecilkan api, tutup dan masak selama 10 hingga 12 minit.
f) Keluarkan hidangan kaserol dari penggoreng udara. Keluarkan tangkai rosemary dan buang. Tuangkan soba yang dimasak ke dalam hidangan dengan sayur-sayuran dan kacau hingga sebati. Tutup dengan aluminium foil dan bakar selama 15 minit lagi.
g) Kacau sebelum dihidangkan.

42.Ikan Siakap dengan Sayur Akar Panggang

BAHAN-BAHAN:
- 1 lobak merah, potong dadu kecil
- 1 biji ubi, dipotong dadu kecil
- 1 rutabaga, potong dadu kecil
- ¼ cawan minyak zaitun
- 2 sudu teh garam, dibahagikan
- 4 isi ikan siakap
- ½ sudu teh serbuk bawang
- 2 ulas bawang putih, dikisar
- 1 lemon, dihiris, ditambah baji tambahan untuk dihidangkan

ARAHAN:
a) Panaskan penggoreng udara hingga 380°F.
b) Dalam mangkuk kecil, masukkan lobak merah, parsnip, dan rutabaga dengan minyak zaitun dan 1 sudu teh garam.
c) Perasakan ikan siakap dengan baki 1 sudu teh garam dan serbuk bawang, kemudian masukkan ke dalam bakul penggoreng udara dalam satu lapisan.
d) Sapukan bawang putih di atas setiap fillet, kemudian tutup dengan hirisan lemon.
e) Tuangkan sayur-sayuran yang telah disediakan ke dalam bakul di sekeliling dan di atas ikan. Bakar selama 15 minit.
f) Hidangkan dengan hirisan lemon tambahan jika mahu.

43. Stew Daging Karnivor dengan Sayur Akar

BAHAN-BAHAN:
- 2 lb daging rebusan daging lembu
- 1/3 cawan tepung serba guna
- Secubit garam laut halus
- 3 Sudu besar lemak haiwan
- 3 cawan stok daging lembu dibahagikan
- 6 biji bawang merah Perancis dikupas dan dibelah dua
- 2 biji bawang kecil dikupas, potong 8
- 2 ulas bawang putih dikisar
- 1 lb rutabaga dikupas dan dipotong menjadi kiub 1 inci
- 3 lobak merah sederhana dikupas dan dipotong menjadi syiling
- 1 sudu teh mustard Dijon

ARAHAN:

a) Panaskan ketuhar hingga 275°F.
b) Masukkan 1 sudu kecil garam laut halus ke dalam tepung. Taburkan 4 Sudu Besar tepung berperisa ke atas daging lembu dan masukkan daging lembu dengan teliti ke dalam tepung.
c) Dengan api sederhana, cairkan 1 Sudu Besar lemak haiwan dalam ketuhar Belanda yang besar.
d) Masukkan daging lembu dan perangkan daging di seluruh, putar setiap bahagian dengan penyepit. Mengetepikan.
e) Tuangkan kira-kira 1/2 cawan stok daging lembu ke dalam kuali untuk mencairkan; kikis bahagian bawah untuk mendapatkan semua bit perang. Tuangkan kuah ini ke atas daging lembu perang.
f) Pindahkan ke mangkuk.
g) Dengan api sederhana, cairkan satu sudu besar lemak haiwan dalam periuk. Masukkan bawang merah dan bawang besar.
h) Tumis selama 2 minit dan kemudian masukkan bawang putih; masukkan rutabaga, lobak merah juga. Tumis selama 3-4 minit sehingga sayur-sayuran empuk di sekeliling tepi.
i) Taburkan baki tepung berperisa ke atas sayur-sayuran (kira-kira 2 Sudu Besar) dan kacau rata.
j) Masak lebih kurang seminit, kemudian tuangkan baki stok daging.
k) Kembalikan daging lembu dan semua jus ke dalam periuk. Tambah Dijon. Kacau hingga sebati. Tutup periuk dengan penutup yang ketat dan masukkan ke dalam ketuhar.
l) Rebus rebusan perlahan-lahan selama 3 jam. Keluarkan tudung dan masak selama sejam tambahan. Biarkan rebusan sejuk selama kira-kira 15 minit sebelum dihidangkan.
m) Hidangkan bersama kentang tumbuk.

44.Sup Tapioca & Sayur Musim Gugur

BAHAN-BAHAN:
- 3 cawan sup sayur
- 1 tangkai rosemary
- 4 helai daun sage
- 1 oren, jus dan kulit parut
- 1 rutabaga kecil, potong julienne
- 3 lobak merah, dihiris
- 1 ubi keledek, dikupas, dipotong memanjang , dan dihiris
- 10 lobak, dibelah empat
- 2 cawan (500 ml) susu soya
- 1 sudu teh (5 ml) serbuk kari
- 1 sudu teh halia kisar
- 1/2 sudu teh kunyit kisar
- 1/4 cawan mutiara ubi kayu besar
- 1/2 biji bawang merah, dihiris halus
- 1 sudu besar pasli daun rata yang dicincang
- 1 sudu besar biji labu

ARAHAN:
a) Panaskan sup sayur dengan jus rosemary, sage, dan oren.
b) Didihkan dan masukkan rutabaga, lobak merah, ubi keledek, dan lobak. Masak selama kira-kira 15 minit. Mengetepikan.
c) Dalam periuk lain, panaskan susu soya bersama kari, halia dan kunyit.
d) Reneh, taburkan ubi kayu, dan masak perlahan-lahan selama 20 minit atau sehingga ubi kayu menjadi lut sinar.
e) Panaskan kuah bersama sayur-sayuran, keluarkan rosemary dan sage, dan pada saat akhir, masukkan adunan ubi kayu, kulit oren, bawang, biji labu dan pasli.

45. Salad Cincang Difermentasi dengan Rutabaga

BAHAN-BAHAN:
- 1 lobak, dicincang halus
- ½ bawang kecil, dicincang halus
- 1 lobak, dicincang dalam ketulan ½ inci
- 1 lobak merah, dicincang dalam ketulan ½ inci
- 3 epal kecil, dicincang dalam ketulan ½ inci
- Segenggam kacang hijau, dicincang panjang 1 inci
- 1 rutabaga, dicincang dalam ketulan ½ inci
- 1 hingga 2 daun anggur, daun kangkung, atau sayur-sayuran berdaun besar lain (pilihan)
- 3 sudu besar garam laut halus yang tidak ditapis atau 6 sudu besar garam laut kasar yang tidak ditapis
- 1 liter (atau liter) air yang ditapis

ARAHAN:
a) Dalam mangkuk sederhana, campurkan lobak, bawang, lobak, lobak merah, epal, kacang hijau, dan rutabaga; pindahkan ke tempayan kecil.
b) Letakkan daun anggur atau sayur-sayuran berdaun lain di atas bahagian atas bahan salad yang dicincang untuk membantu menahannya di bawah air garam, dan timbangkan dengan pemberat selamat makanan atau balang atau mangkuk air.
c) Dalam periuk atau cawan penyukat besar, larutkan garam di dalam air, kacau jika perlu untuk menggalakkan garam larut. Tuangkan air garam ke atas salad, tutup dengan tudung atau kain, dan biarkan ia ditapai selama satu minggu.
d) Keluarkan pemberat, dan keluarkan dan buang daun anggur atau sayur-sayuran berdaun lain. Hidangkan ke dalam balang atau mangkuk, tutup, dan sejukkan, di mana salad harus bertahan enam bulan hingga satu tahun.

46.Sup Ayam Jatuh dan Sayur Akar

BAHAN-BAHAN:
- 1 Pakej Krim Sup Base, disediakan
- 1 lb. Dada ayam, tanpa tulang, tanpa kulit
- ¼ cawan jus lemon
- 4 ea. Ulas bawang putih, hancurkan
- ¼ cawan minyak zaitun
- 8 oz. Bawang besar, potong dadu
- 8 oz. Ubi keledek, dikupas dan dipotong dadu
- 4 oz. Parsnip, dikupas dan dipotong dadu
- 4 oz. Lobak merah, dikupas dan dipotong dadu
- 4 oz. Rutabaga, dikupas dan dipotong dadu
- 4 oz. Lobak, dikupas dan dipotong dadu
- 2 ea. Ulas bawang putih, dikisar
- 3 cawan Pangkalan Ayam, disediakan
- ¼ cawan Sage, segar, dicincang
- Seperti yang diperlukan garam Kosher dan lada retak
- Seperti yang diperlukan Baby Arugula, goreng kilat (pilihan)

ARAHAN:
a) Sediakan Base Sup Krim mengikut arahan pakej.
b) Satukan dada ayam, jus lemon, bawang putih, dan minyak zaitun dalam beg atas zip dan perap di bawah peti sejuk selama 1 jam.
c) Panaskan ketuhar perolakan hingga 375°F. Letakkan ayam yang telah ditoskan di atas kuali beralas kertas, perasakan dengan garam dan lada sulah. Panggang selama 12 minit setiap sisi atau sehingga suhu dalaman mencapai 165°F. Sejukkan dan tarik ayam.
d) Cairkan mentega dalam periuk berasingan. Masukkan bawang, ubi keledek, parsnip, lobak merah, rutabaga dan lobak. Masak sehingga bawang lut sinar.
e) Masukkan Pangkalan Ayam yang telah disediakan ke dalam adunan sayur-sayuran, biarkan mendidih dan kecilkan api dan renehkan sehingga sayur-sayuran empuk.
f) Masukkan Base Sup Krim yang telah disediakan, ayam yang ditarik dan sage yang dicincang. Letakkan di atas api sederhana dan masak sehingga Chowder mencapai 165°F. Tahan untuk perkhidmatan.
g) Perasakan secukup rasa dan hiaskan dengan arugula goreng kilat seperti yang dikehendaki.

47. Chowder Turki Festival Musim Gugur

BAHAN-BAHAN:
- 2.5 oz. Mentega
- 12.5 oz. Bawang, putih, potong dadu
- 12.5 oz. Parsnips, dikupas, dipotong dadu
- 12.5 oz. Lobak, dikupas, dipotong dadu
- 12.5 oz. Rutabagas, dikupas, dipotong dadu
- 12.5 oz. Lobak merah, dikupas, dipotong dadu
- 12.5 oz. Ubi keledek, dikupas, dipotong dadu
- 2.5 qts. Pangkalan Turki
- 1 ea. Asas Sup Krim, 25.22 oz. beg, disediakan
- 40 oz. Dada Turki, panggang, potong dadu
- ½ cawan Sage, segar, dicincang
- Seperti yang diperlukan garam Kosher
- Seperti yang diperlukan Lada retak
- Seperti yang diperlukan keju Cheddar, dicincang

ARAHAN:
a) Dalam periuk stok besar di atas api sederhana, cairkan mentega. Tumis bawang besar, parsnip, lobak, rutabagas, lobak merah dan ubi keledek selama 10 minit.
b) Masukkan asas ayam belanda ke dalam campuran sayur-sayuran, biarkan mendidih, kecilkan api dan reneh sehingga sayur-sayuran lembut, kira-kira 20 minit.
c) Tambah Base Sup Krim, ayam belanda dan bijak. Gaul hingga sebati, reneh selama 30 minit atau sehingga panas. Rasa dan sesuaikan perasa.
d) Hiaskan dengan keju Cheddar.

48. Chowder Sayur Kambing dan Akar

BAHAN-BAHAN:
- 1 lb daging rebus kambing, dihiris dadu
- 1 biji bawang besar, potong dadu
- 2 ulas bawang putih, dikisar
- 2 cawan air rebusan ayam
- 1 cawan parsnip dipotong dadu
- 1 cawan rutabaga potong dadu
- 1 cawan lobak merah potong dadu
- 1 cawan kentang potong dadu
- 1 sudu kecil. thyme
- Garam dan lada
- Minyak zaitun

ARAHAN:
a) Dalam periuk besar atau ketuhar Belanda, panaskan sedikit minyak zaitun di atas api yang sederhana tinggi.
b) Masukkan kambing dan masak sehingga keperangan di semua sisi.
c) Keluarkan kambing dengan sudu berlubang dan ketepikan.
d) Masukkan bawang merah dan bawang putih ke dalam periuk dan masak sehingga lembut, kira-kira 5 minit.
e) Masukkan sup ayam, parsnip, rutabaga, lobak merah, kentang, dan thyme dan biarkan mendidih.
f) Kecilkan api dan reneh selama 45-50 minit, atau sehingga sayur-sayuran empuk.
g) Masukkan semula kambing ke dalam periuk dan masak selama 5-10 minit lagi, atau sehingga panas.
h) Perasakan dengan garam dan lada sulah secukup rasa dan hidangkan panas.

49. Sup Ekor Lembu dengan Rutabaga

BAHAN-BAHAN:
- 3 ½ paun Ekor Lembu
- 3 Daun Bay
- 1 Batang Saderi, dihiris
- 2 cawan Kacang Hijau
- 1 Rutabaga, dipotong dadu
- 14 auns tomato dalam tin dipotong dadu
- ¼ cawan minyak sapi
- 1 Tangkai Thyme
- 1 Tangkai Rosemary
- 2 daun bawang, dihiris
- 2 ½ liter Air
- 2 sudu besar. Jus lemon
- ¼ sudu kecil Cengkih dikisar
- Garam dan lada sulah, secukup rasa

ARAHAN:
a) Cairkan minyak sapi dalam IP anda pada SAUTE.
b) Masukkan ekor lembu dan masak sehingga keperangan. Anda mungkin perlu bekerja secara berkelompok di sini.
c) Tuangkan air dan masukkan rosemary thyme, daun bay, dan bunga cengkih.
d) Masak pada HIGH selama 1 jam.
e) Lakukan pelepasan tekanan semula jadi.
f) Keluarkan daging dari IP dan carik pada papan pemotong.
g) Masukkan rutabaga dan daun bawang ke dalam periuk dan tutup penutup.
h) Masak pada HIGH selama 5 minit.
i) Masukkan baki sayur-sayuran dan masak selama 7 minit lagi.
j) Masukkan daging dan tutup semula.
k) Masak pada HIGH selama 2 minit.
l) Masukkan jus lemon dan perasakan dengan garam dan lada sulah.
m) Hidangkan dan nikmati!

50.Kentang begedil

BAHAN-BAHAN:
- Rutabaga
- kembang kol
- 2 Bawang merah kecil
- sudu besar. Daging Lembu Kisar
- 1 sudu besar. Daun Saderi dicincang
- 1 sudu besar. Bawang Hijau dicincang
- 1/2 sudu kecil. Lada Putih (atau Lada Hitam)
- 1/4 sudu kecil. garam
- 1 biji Telur besar (sedikit sahaja digunakan)
- 4 sudu besar. Minyak kelapa

ARAHAN:
a) Hiris 5 oz. Rutabaga ke dalam kepingan kecil dan goreng sehingga perang dengan 1 sudu besar. Minyak kelapa.
b) Dengan alu dan lesung, tumbuk Rutabaga yang telah digoreng sehingga lembut. Secara bergantian, gunakan pemproses makanan. Setelah selesai, ketepikan.
c) Ketuhar gelombang mikro 5 oz. Kembang kol sehingga lembut dan tumbuk dengan alu dan lesung (atau gunakan pemproses makanan).
d) Hiris nipis 2 biji bawang merah. Dengan kuali kecil dan cetek (untuk menghasilkan minyak yang lebih dalam tetapi hanya sedikit digunakan) dan 1 sudu besar. Minyak Kelapa, goreng hingga perang dan garing tetapi tidak hangus. Mengetepikan.
e) Dengan minyak yang sama, tumis 4 sudu besar. Daging Kisar hingga perang. Perasakan dengan Garam dan Lada sulah secukup rasa.
f) Dalam mangkuk, masukkan Rutabaga dan Kembang Kol yang ditumbuk, Bawang Merah goreng, Daging Kisar yang dimasak, 1 sudu besar. setiap Daun Saderi dan Bawang Hijau, 1/2 sudu kecil. Lada Putih (atau Lada Hitam) dan 1/4 Garam. Gaul sebati.
g) Senduk kira-kira 1 sudu besar. adunan dan bentukkan menjadi patty kecil. Saya membuat 10 patties kesemuanya.
h) Pukul 1 biji telur dalam mangkuk lain dan salutkan setiap patty tetapi tidak sepenuhnya (buat setiap satu sebelum menggoreng).
i) Goreng patties secara berkelompok dengan Minyak Kelapa sehingga perang. Saya menggunakan 2 sudu besar. Minyak Kelapa secara keseluruhan untuk ini (dua kelompok, 1 sudu besar setiap satu).
j) Hidangkan dengan rebusan atau sendiri

51.Tuai sayur-sayuran dan quinoa

BAHAN-BAHAN:
- 1½ cawan Quinoa
- 4 cawan Air
- ½ sudu teh Garam
- 1 lobak sederhana; dikupas dan dipotong dadu
- 4 sederhana Lobak merah
- 1 Rutabaga kecil; dikupas dan dipotong dadu
- 1 cawan labu butternut potong dadu dikupas
- 1 sudu teh minyak zaitun
- 1 bawang kuning kecil; dipotong dadu
- 1 ulas bawang putih besar; cincang
- ¼ cawan daun bijak segar yang dicincang
- Garam dan lada putih

ARAHAN:
a) Dalam periuk sederhana, gabungkan quinoa yang telah dibilas dengan air dan garam. Didihkan, kemudian reneh, ditutup, sehingga masak (kira-kira 10 minit). Toskan, bilas dengan air sejuk, dan ketepikan.
b) Satukan lobak, lobak merah, rutabaga, dan labu dalam periuk besar dengan pengukus sayuran. Kukus sayur selama 7 hingga 10 minit, atau sehingga empuk
c) Dalam kuali nonstick yang besar, tumis bawang merah dan bawang putih dalam minyak sehingga bawang lembut, kira-kira 4 minit. Kacau dalam daun sage dan masak sehingga sage berwarna perang dan wangi, 1 hingga 2 minit.
d) Masukkan quinoa dan sayur-sayuran ke dalam kuali dan kacau dengan baik untuk menggabungkan. Masukkan garam dan lada sulah secukup rasa, panaskan jika perlu, dan hidangkan panas.

52. Pot-Au-Feu Klasik

BAHAN-BAHAN:
- 2 sudu besar minyak zaitun
- ½ sudu teh lada hitam
- 4 batang saderi, potong dadu
- 4 biji lobak merah, kupas dan potong dadu
- 4 biji kentang Yukon Gold, dipotong dadu
- 4½ cawan air
- 1 kepala bawang putih, potong separuh bersilang
- 1¾ sudu teh garam halal
- 5 tangkai thyme segar
- 2 paun chuck panggang, dibuang tulang dan dipotong
- 3 daun salam
- 2 batang daun bawang, dibelah dua memanjang
- 1 rutabaga, potong dadu
- ¼ cawan crème Fraiche
- 1½ paun tulang rusuk pendek daging lembu, dipotong
- 2 sudu besar daun kucai segar yang dihiris nipis
- Cornichons
- mustard Dijon
- Lobak pedas yang disediakan

ARAHAN:

a) Panaskan kuali nonstick dengan api sederhana. Masak panggang dalam minyak dalam kuali panas, bertukar coklat di semua sisi, selama 5 minit.
b) Perasakan dengan baik dengan garam dan lada sulah.
c) Alihkan panggang ke dalam Periuk Perlahan 6 liter.
d) Masukkan tulang rusuk pada titisan yang dikhaskan dalam kuali panas, dan masak, bertukar kepada coklat di semua sisi, selama 6 minit.
e) Pindahkan tulang rusuk ke Periuk Perlahan, simpan titisan dalam kuali. Masukkan thyme, daun bay, bawang putih, dan air ke dalam titisan yang dikhaskan dalam kuali panas, kacau untuk melonggarkan kepingan perang dari bahagian bawah kuali; tuang ke dalam Slow Cooker.
f) Masak perlahan selama 5 jam.
g) Campurkan rutabaga, daun bawang, saderi, kentang, lobak merah dan rutabaga. Masak perlahan, kira-kira 3 jam.
h) buang bawang putih, tangkai thyme, dan daun bay.
i) Potong panggang, dan hidangkan dengan daging rusuk, bahagian daun bawang, saderi, kentang, lobak merah dan rutabaga di atas pinggan hidangan.
j) Siram dengan jumlah cecair memasak yang dikehendaki, dan hidangkan bersama crème fraîche, daun kucai, cornichon, mustard Dijon, lobak pedas, dan baki cecair memasak.

53. Gigitan Bacon Keju

BAHAN-BAHAN:
- 1/2 paun rutabaga, parut
- 4 keping daging daging, dicincang
- 7 auns keju Gruyère, dicincang
- 3 biji telur, dipukul
- 3 sudu besar tepung badam
- 1 sudu teh bawang putih yang ditumbuk
- 1 sudu kecil serbuk bawang merah
- Garam laut dan lada hitam tanah, secukup rasa

ARAHAN:
a) Tambah 1 cawan air dan trivet logam ke dalam Periuk Segera.
b) Campurkan semua bahan di atas sehingga semuanya sebati.
c) Masukkan adunan ke dalam dulang pod silikon yang sebelum ini digris dengan semburan masak nonstick. Tutup dulang dengan kepingan aluminium foil dan turunkan ke atas trivet.
d) Selamatkan tudung. Pilih mod "Manual" dan Tekanan rendah; masak selama 5 minit. Setelah memasak selesai, gunakan pelepas tekanan pantas; berhati-hati tanggalkan penutup. Bon appétit!

TURNIPS

54. Lobak dan Kaserol Bawang

BAHAN-BAHAN:

- 2½ paun. lobak kuning atau rutabagas (kira-kira 8 cawan dipotong dadu)
- ⅔ cawan lemak dan daging babi segar yang dipotong dadu kecil atau daging babi sampingan; atau 3 Tb mentega atau minyak masak
- ⅔ cawan bawang besar dihiris halus
- 1 sb tepung
- ¾ cawan bouillon daging lembu
- ¼ sudu kecil sage
- Garam dan lada
- 2 hingga 3 Tb pasli cincang segar

ARAHAN:

a) Kupas lobak, potong empat, kemudian menjadi kepingan ½ inci; potong kepingan menjadi jalur ½ inci, dan jalur menjadi kiub ½ inci. Titiskan ke dalam air masin mendidih dan rebus tanpa penutup selama 3 hingga 5 minit, atau sehingga lembut. longkang.

b) Jika anda menggunakan daging babi, tumis perlahan-lahan dalam periuk 3-kuar sehingga perang sangat ringan; jika tidak, masukkan mentega atau minyak ke dalam kuali. Kacau bawang, tutup, dan masak perlahan-lahan selama 5 minit tanpa keperangan. Campurkan tepung dan masak perlahan selama 2 minit.

c) Keluarkan dari api, pukul dalam bouillon, panaskan semula dan biarkan mendidih. Masukkan sage, kemudian masukkan pula lobak. Perasakan dengan garam dan lada sulah secukup rasa.

d) Tutup kuali dan reneh perlahan-lahan selama 20 hingga 30 minit, atau sehingga lobak lembut.

e) Jika sos terlalu cair, buka tutup dan rebus perlahan-lahan selama beberapa minit sehingga cecair berkurangan dan pekat. Perasa yang betul. (Boleh dimasak terlebih dahulu. Sejukkan tanpa bertutup; tutup dan renehkan beberapa saat sebelum dihidangkan.)

f) Untuk menghidang, masukkan pasli dan jadikan hidangan hidangan panas.

55.Wain lobak ahli silap mata

BAHAN-BAHAN:
- 6 lbs. lobak atau rutabagas
- 1 gelen air
- 2½ paun. gula atau 3 lbs. sayang
- kulit dan jus 3 oren
- jus dan kulit 2 lemon besar atau 3 sudu kecil. campuran asid
- 1 sudu kecil. nutrien yis
- ¼ sudu kecil. tanin
- 1 tablet Campden, dihancurkan (pilihan)
- ½ sudu kecil. enzim pektik
- 1 paket champagne atau yis sherry

ARAHAN:

a) Gosok lobak dengan baik, potong bahagian atas dan hujung akar. Potong atau potong ke dalam air sejuk, kemudian panaskan. SIMMER, jangan rebus, selama 45 minit.

b) Keluarkan kulit dari buah sitrus (tiada empulur putih), dan perahkan jusnya. Letakkan semangat dalam beg penapisan nilon kecil di bahagian bawah penapai utama.

c) Tapis lobak (dan biji lada, jika anda menggunakannya) daripada air. Anda boleh menggunakan parsnip untuk makanan jika anda mahu.

d) Keluarkan kira-kira satu liter air untuk ditambah semula kemudian jika anda tidak mempunyai cukup. Sukar untuk mengatakan berapa banyak yang anda akan hilang dalam stim semasa memasak. Masukkan gula atau madu, dan renehkan sehingga gula larut. Jika menggunakan madu, reneh 10-15 minit, kacau, dan kurangkan apa-apa buih.

e) Tuangkan air panas ke dalam penapai utama yang telah dibersihkan di atas kulit. Masukkan jus buah. (Anda boleh menempah sedikit jus oren dan air sayuran tambahan untuk memulakan yis kemudian, jika anda suka.) Semak untuk mengetahui sama ada anda mempunyai satu gelen mesti. Jika tidak, jadikan ia dengan air simpanan.

f) Tambah nutrien yis, tanin, dan campuran asid jika anda tidak menggunakan lemon. Tutup, dan pasangkan kunci udara. Biarkan mesti sejuk, dan tambahkan tablet Campden, jika anda memilih untuk menggunakannya. Dua belas jam selepas tablet Campden, tambah enzim pektik. Jika anda tidak menggunakan tablet, tunggu sahaja sehingga mesti sejuk untuk menambah enzim pektik. Dua puluh empat jam kemudian, periksa PA dan tambah yis.

g) Kacau setiap hari. Dalam dua minggu atau lebih, semak PA. Angkat beg perahan dan biarkan ia mengalir semula ke dalam bekas. Jangan picit. Buang semangat. Biarkan wain mengendap, dan masukkannya ke dalam penapai sekunder.

h) Bungkus dan muat dengan kunci udara. Rak seperti yang diperlukan dalam tempoh enam bulan akan datang atau lebih. Semak PA. Apabila ia ditapai, botolkannya. Saya lebih suka wain kering ini. Anda boleh memaniskan wain jika anda suka sebelum dibotolkan dengan menambah penstabil dan 2 hingga 4 auns sirap gula setiap gelen.

56. Turnip Rebus Kesyukuran

BAHAN-BAHAN:
- ½ paun lobak , dikupas dan dipotong menjadi kepingan
- 2 sudu besar pes tomato
- 2 sudu besar mentega vegan
- 1 biji bawang, dikupas dan dipotong dadu
- 1 sudu teh thyme kering
- 1 lobak merah, dikupas dan dipotong dadu
- 1 daun salam
- 2 batang saderi, potong dadu
- Garam dan lada
- 1½ cawan stok atau air
- 2 sudu besar mentega vegan, dilembutkan
- 1 T sudu besar tepung

ARAHAN:

a) Dalam kuali, cairkan mentega vegan. Masukkan bawang besar, saderi dan lobak merah.

b) Masak selama lebih kurang 5 minit. Masukkan stok, pes tomato, thyme, dan daun bay ke campuran lobak dan bawang, lobak merah dan saderi.

c) Masak selama 30 hingga 40 minit, bertutup, dalam ketuhar 350°F.

d) Semasa lobak mendidih, buat pes dengan mentega vegan dan tepung.

e) Pindahkan lobak ke dalam hidangan hidangan dan biarkan ia hangat di dalam kuali.

f) Ke dalam periuk, tapis cecair perap. Masukkan kepingan campuran tepung mentega vegan ke dalam sos dan pukul sehingga ia pekat.

g) S eason dengan s alt dan lada sulah dan kemudian tuangkan sos ke atas lobak.

57.Sup Kuih Turnip Taiwan

BAHAN-BAHAN:
UNTUK KEK TURNIP:
- 2 cawan tepung beras
- 2 cawan air
- 2 cawan lobak dicincang (lobak daikon)
- ¼ cawan udang kering, rendam dan kisar
- ¼ cawan cendawan kering, direndam dan dipotong dadu
- 2 sudu besar bawang merah, dikisar
- 2 sudu besar minyak sayuran
- 2 sudu besar kicap
- 1 sudu teh garam
- ½ sudu teh lada putih

UNTUK SUP:
- 4 cawan air rebusan ayam
- 2 cawan air
- 2 bawang hijau, dicincang
- Garam dan lada sulah secukup rasa

ARAHAN:
UNTUK KEK TURNIP:
a) Dalam mangkuk adunan, satukan tepung beras dan air. Kacau rata sehingga adunan sebati dan tiada berketul.
b) Panaskan minyak sayuran dalam kuali besar atau kuali dengan api sederhana.
c) Masukkan bawang merah cincang, udang kering, dan cendawan kering ke dalam kuali. Tumis lebih kurang 2 minit hingga naik bau.
d) Masukkan lobak yang dicincang ke dalam kuali dan tumis selama 2-3 minit lagi sehingga lobak lembut sedikit.
e) Tuang bancuhan tepung beras ke dalam kuali dan kacau berterusan untuk mengelakkan berketul-ketul.
f) Masukkan kicap, garam, dan lada putih ke dalam kuali. Kacau rata untuk menggabungkan semua bahan.
g) Masak campuran di atas api sederhana, kacau sentiasa, sehingga ia pekat dan membentuk konsistensi melekit.
h) Griskan loyang kek segi empat sama atau bulat dan tuang adunan kek lobak ke dalamnya. Melicinkan permukaan.
i) Kukus kek lobak dengan api besar selama kira-kira 45-50 minit sehingga pejal dan masak.
j) Keluarkan kek lobak dari pengukus dan biarkan ia sejuk sepenuhnya.
k) Setelah sejuk, keluarkan kuih lobak dari kuali dan potong mengikut selera.

UNTUK SUP:
l) Dalam periuk besar, satukan sup ayam, air, dan bawang hijau yang dicincang. Didihkan adunan.
m) Masukkan kek lobak yang telah dihiris ke dalam periuk dan biarkan ia mendidih selama kira-kira 5 minit untuk panas.
n) Perasakan sup dengan garam dan lada sulah secukup rasa.
o) Hidangkan Sup Kuih Turnip Taiwan panas sebagai hidangan yang selesa dan berperisa.

58. Campuran-hijau dengan goreng lobak

BAHAN-BAHAN:
- ¼ cawan mentega
- 1 cawan bawang cincang
- 1 cawan bawang hijau dicincang
- 2 batang saderi, dicincang
- 2 sudu besar Akar halia dihiris halus
- 2 ulas bawang putih, cincang halus
- Turnip bayi 1 paun dengan bahagian atas hijau
- 10 cawan Air
- 2 kiub bouillon ayam yang lebih besar
- ½ cawan wain putih kering atau air
- ¼ cawan Tepung jagung
- 6 cawan dibungkus daun bayam segar
- 1¼ sudu teh lada hitam dikisar
- ½ sudu teh Garam
- ¼ cawan tepung serba guna yang tidak diayak
- 1 biji telur besar, dipukul sedikit
- Minyak sayuran untuk menggoreng

ARAHAN:
a) Sediakan sayur-sayuran.
b) Parut kasar lobak yang telah disejukkan.
c) Satukan lobak parut, tepung, telur, dan baki ¼ t setiap lada dan garam.
d) Masukkan sesudu kecil campuran goreng ke dalam kuali dan goreng, putar, sehingga perang di kedua-dua belah

TERUNG

59.Kacang kuda Crepe Taco dengan Terung

BAHAN-BAHAN:
- 2 ¼ cawan tepung kacang ayam
- ¼ cawan yogurt biasa
- 2 ½ sudu teh garam (dibahagikan)
- 3 ½ sudu besar minyak zaitun
- ¼ kg daging lembu (kisar)
- 1 ½ sudu teh jintan manis (kisar)
- ¼ sudu teh serpihan lada merah (ditumbuk)
- 1 paun terung dan potong menjadi kiub bersaiz 1".
- 3 ulas bawang putih (hiris nipis)
- ¼ cawan kismis (emas)
- ¼ cawan wain merah
- 15-auns tomato (potong dadu)
- ¼ cawan kacang pain (dipanggang)

ARAHAN:

a) Dalam mangkuk sederhana, pukul tepung kacang ayam bersama yogurt, 1 ¼ sudu teh garam, dan air (2 cawan dan 1 sudu besar) dan ketepikan.

b) Di atas api sederhana tinggi, dalam kuali besar, panaskan 1 sudu besar minyak. Masukkan daging lembu, lada merah, jintan manis, dan ¼ sudu teh garam ke dalam kuali untuk memasak daging lembu.

c) Pastikan untuk memecahkan dan mengacau daging lembu dengan kerap supaya ia tidak bergumpal. Apabila daging lembu mula coklat, (selepas kira-kira 4 minit) keluarkan daging dan rempah dari kuali dan letakkan dalam mangkuk sederhana.

d) Panaskan 2 sudu besar minyak di atas kuali, sebelum masukkan terung dan baki garam. Masak terung selama 5 minit atau sehingga ia menjadi coklat dari semua sisi.

e) Sekarang masukkan bawang putih dan kacau sekali-sekala sehingga ia bertukar warna coklat muda.

f) Tambah kismis dan wain untuk memasak campuran. Ingat untuk kacau secara berterusan, selama seminit, supaya campuran dipanaskan secara seragam.

g) Masukkan tomato dadu (dengan jus), campuran kambing, kacang pain, dan ¼

h) cawan air. Kacau dan kecilkan api kepada api sederhana jadi adunan

i) boleh mereneh. Kacau sekali sekala. Dalam kira-kira 15 minit, kerana kebanyakan jus menyejat, tutup api.

j) Putar baki minyak dalam kuali tidak melekat 8", lap dengan tuala kertas untuk meninggalkan kilauan minyak pada kuali, dan panaskannya hingga sederhana tinggi.

k) Pukul adunan tepung, tuangkan kira-kira satu pertiga daripada cawan ke dalam kuali.

l) Putar untuk menyaluti kuali sepenuhnya dengan adunan, untuk membuat krep, masak kedua-dua belah sehingga ia keperangan. Keluarkan krep dari kuali dan ulangi proses dengan adunan yang tinggal.

m) Sudukan isi kambing ke atas penkek.

n) Hidangkan dengan sayur-sayuran hijau, yogurt, dan hirisan lemon.

60. Terung Terung-dalam-Lubang

BAHAN-BAHAN:
- 1 biji terung
- 1 sudu besar minyak zaitun (atau minyak sapi jika diterima)
- 6 biji telur
- ¼ sudu teh garam
- ¼ sudu teh lada
- 2 sudu besar daun kucai (PILIHAN)
- 1 buah avokado (PILIHAN)
- ¼ cawan tomato ceri dibelah empat (PILIHAN)

ARAHAN:

a) Panaskan ketuhar anda kepada 400 darjah Fahrenheit (200 darjah Celsius).

b) Potong terung menjadi bulatan tebal kira-kira 1 inci, menghasilkan kira-kira 6 bulatan.

c) Di tengah setiap bulatan terung, potong lubang kira-kira 1 inci diameter (lihat nota untuk panduan).

d) Letakkan bulatan terung yang telah disediakan di atas loyang yang dialas dengan kertas minyak. Sapu setiap bulatan terung dengan minyak zaitun.

e) Pecahkan sebiji telur ke dalam setiap lubang terung.

f) Taburkan kedua-dua telur dan bulatan terung dengan jumlah garam dan lada yang ditetapkan.

g) Bakar dalam ketuhar yang telah dipanaskan selama lebih kurang 15 minit, atau sehingga telur mencapai tahap konsistensi yang anda inginkan.

h) Secara pilihan, hiaskan Terung Terung dalam Lubang anda dengan daun kucai, hirisan alpukat dan tomato ceri dibelah empat.

i) Nikmati sarapan pagi anda yang lazat dan berkhasiat!

61. Mozzarella, Cendawan dan Terung Shakshuka

BAHAN-BAHAN:
UNTUK TERUNG
- ½ biji terung besar, dipotong dadu dengan kulitnya
- 1 sudu besar minyak zaitun extra-virgin
- ¼ sudu teh garam
- 1 sudu teh paprika manis
- ½ sudu teh jintan manis

UNTUK CENDAWAN
- 1 bungkusan (10 auns) cendawan bella bayi, dihiris
- 1 sudu besar minyak zaitun extra-virgin
- ⅛ sudu teh garam
- ⅛ sudu teh lada hitam yang dikisar

UNTUK SOS TOMATO
- 1 biji bawang besar manis, potong dadu
- 2 sudu besar minyak zaitun dara tambahan
- 2 cawan tomato dalam tin dipotong dadu
- 2 cawan tomato hancur dalam tin
- ¼ sudu teh garam
- 1 sudu teh paprika manis
- ½ sudu teh jintan manis
- ½ sudu teh Lada Aleppo atau kepingan lada merah (sesuaikan dengan rasa)
- 8 biji telur
- 7-8 pusingan Mozzarella Pra-hirisan Asli dan Kosher

ARAHAN:
UNTUK MENYEDIAKAN TERUNG
a) Panaskan ketuhar hingga 375°F (190°C) dan alaskan loyang besar dengan kertas parchment.
b) Letakkan terung potong dadu dalam mangkuk, masukkan minyak zaitun, garam, dan rempah. Gaul sebati sehingga terung bersalut dengan baik.
c) Pindahkan terung berperisa ke dalam loyang yang telah dialas dan bakar selama 20 minit. Semasa terung dibakar, sediakan cendawan.

UNTUK MENYEDIAKAN CENDAWAN
d) Panaskan minyak zaitun dalam kuali besar. Masukkan cendawan yang dihiris, garam, dan lada sulah, dan masak dengan api sederhana selama 5-7 minit sehingga mereka mula perang. Mengetepikan.

UNTUK MENYEDIAKAN SOS TOMATO
e) Dalam kuali 12 inci, panaskan minyak zaitun di atas api sederhana. Masukkan bawang besar potong dadu dan masak selama 20 minit, kacau selalu.
f) Masukkan tomato dadu tin, tomato hancur, garam, paprika, jintan manis, dan lada Aleppo. Masak dengan api sederhana selama 10 minit lagi.
g) Masukkan terung bakar dan cendawan masak ke dalam sos, dan kacau rata. Sos akan menjadi pekat.

PERHIMPUNAN DAN MASAKAN AKHIR
h) Buat perigi kecil dalam sos tomato untuk setiap telur dan pecahkan telur ke dalamnya. Susun mozzarella bulat-bulat di sekeliling sos tomato.
i) Tutup kuali dan masak dengan api sederhana sehingga putih telur ditetapkan, keju cair, dan kuning telur mencapai konsistensi pilihan anda (berair atau masak sepenuhnya).
j) Nikmati Mozzarella, Cendawan dan Terung Shakshuka yang lazat!

62.Crêpe sumbat terung s

BAHAN-BAHAN:
- 4 sudu besar Bawang besar, dicincang
- 4 cawan Terung, potong dadu, masak
- 4 cawan Tomato, segar, dicincang
- 1 cawan sup sayur
- 4 sudu besar serbuk kari
- 1 sudu teh Kayu Manis
- 2 sudu teh Garam
- 8 ulas bawang putih, dihiris
- 24 Crêpes

ARAHAN:
a) Tumis semua bahan, kecuali Crêpes, dalam kuali besar dengan api sederhana selama 10 minit.
b) Bahagikan adunan sama rata antara Crêpes.
c) Gulung dan hidangkan panas.
d) Teratas dengan Sos Tomato Greek.

63. Lempeng Terung Sedap

BAHAN-BAHAN:
PANKEK:
- 1 biji terung besar
- 2 sudu besar minyak zaitun, ditambah lagi untuk memasak penkek
- 1 cawan santan
- 2 biji telur
- ¼ cawan basil segar, dicincang
- ¾ cawan tepung kacang garbanzo
- ½ cawan tepung oat
- 2 sudu besar yis pemakanan
- ½ sudu teh baking soda
- 1 sudu kecil serbuk penaik
- ½ sudu teh serbuk bawang putih
- ½ sudu teh za'atar
- 1 sudu teh garam laut
- ½ sudu teh lada

SOS LADA MERAH PAKAR:
- 1 balang 28 auns lada benggala merah panggang, atau panggang 2 lada merah besar di dalam ketuhar, kupas dan buang bijinya
- ¼ cawan oregano segar, dicincang
- 1 sudu teh cuka balsamic
- 2 sudu teh jus lemon segar
- ¼ cawan minyak zaitun extra-virgin
- ⅛ sudu teh lada cayenne

ARAHAN:
a) Panaskan ketuhar anda kepada 375°F (190°C).
b) Belah terung separuh dan sapu kedua-dua bahagian dengan 2 sudu besar minyak zaitun. Letakkannya di atas lembaran pembakar dan panggang sehingga ia menjadi lembut, yang sepatutnya mengambil masa kira-kira 30 minit.
c) Setelah dipanggang, cedok daging dari terung dan cincang halus.
d) Dalam mangkuk besar, gabungkan terung cincang dengan santan, telur, dan selasih cincang.
e) Dalam mangkuk kecil yang berasingan, campurkan tepung kacang garbanzo, tepung oat, yis pemakanan, soda penaik, serbuk penaik, serbuk bawang putih, za'atar, garam laut dan lada.
f) Kacau bahan kering ke dalam adunan basah sehingga terbentuk adunan yang sebati.
g) Panaskan kuali besar dan masukkan 1 sudu besar minyak zaitun. Tuangkan kira-kira ⅓ cawan adunan ke atas kuali untuk setiap penkek. Apabila anda melihat buih-buih kecil terbentuk di permukaan, balikkan penkek untuk memasak bahagian lain. Ini perlu mengambil masa kira-kira 2-3 minit setiap sisi.

UNTUK MEMBUAT SOS LADA MERAH YANG DIPANGGANG:
h) bahan sos - lada benggala merah panggang, oregano segar, cuka balsamic, jus lemon segar, minyak zaitun extra-virgin, dan lada cayenne - ke dalam pengisar atau pemproses makanan.
i) Kisar sehingga adunan menjadi licin.
j) Hidangkan sos pada suhu bilik atau panaskan perlahan-lahan di atas penkek terung yang sedap.
k) Nikmati hidangan penkek yang lazat dan unik ini dengan sos lada merah panggang yang berperisa!

64. Wafel Falafel dengan Terung Panggang

BAHAN-BAHAN:
UNTUK WAFFLES:
- 1 kotak campuran falafel
- Air dan apa-apa bahan lain dipanggil untuk pakej

UNTUK TERUNG BAKAR:
- 1 biji terung kecil
- 2 sudu teh garam bawang putih (boleh guna bawang putih kering, panggang dan garam)
- 3 sudu besar minyak zaitun

UNTUK DIPAKAI (PILIH KEGEMARAN ANDA):
- Hummus
- Timun potong dadu
- Tomato potong dadu
- Tzatziki (yogurt dill timun Yunani)
- Keju feta
- buah zaitun Kalamata
- Pita segitiga/cip
- Kuskus yang disediakan

ARAHAN:
UNTUK WAFFLES:
a) Sediakan adunan falafel mengikut arahan pakej sehingga adunan sedia untuk dimasak.
b) Letakkan ¼ campuran falafel yang disediakan pada setiap bahagian seterika wafel. Ikut arahan seterika wafel anda untuk memasaknya seperti yang anda lakukan dengan adunan wafel biasa.

UNTUK TERUNG BAWANG BAWANG BAWANG:
c) Panaskan ketuhar anda kepada 450 darjah Fahrenheit (230 darjah Celsius).
d) Potong terung menjadi hirisan ½ inci, kemudian empat bahagian untuk membentuk hirisan.
e) Sapukan minyak zaitun pada lembaran pembakar yang besar dan gulungkan terung yang dipotong ke dalam minyak untuk menyalutnya.
f) Taburkan hirisan terung dengan garam bawang putih.
g) Bakar selama 10 minit, terbalikkan hirisan terung, kemudian bakar selama 10 minit tambahan (20 minit kesemuanya).

UNTUK MEMASANG:
h) Letakkan wafel falafel di atas pinggan.
i) Sapukan hummus pada wafel.
j) Teratas dengan terung panggang.
k) Tambah topping kegemaran anda, seperti timun potong dadu, tomato dadu, tzatziki, keju feta hancur dan buah zaitun kalamata.
l) Hidangkan Wafel Falafel anda dengan segitiga pita, couscous dan lebih banyak buah zaitun, jika mahu.
m) Nikmati hidangan berinspirasikan Mediterranean yang unik dan lazat ini dengan sentuhan kreatif!

65. Mangkuk Sarapan Bacon Terung Rangup

BAHAN-BAHAN:
UNTUK BACON TERUNG RANGUP:
- ¼ cawan air
- 1 ½ sudu teh garam halal
- ¼ cawan sirap maple
- 2 sudu besar cuka epal
- 1 sudu besar minyak zaitun
- 1 sudu besar Tamari
- 1 sudu teh paprika manis
- ¼ sudu teh serbuk bawang putih
- ½ sudu besar asap cair
- 1 sudu teh lada hitam yang baru dikisar
- 3-4 biji terung Jepun kecil, dihiris menjadi jalur nipis dengan mandolin

UNTUK SETIAP MANGKUK SARAPAN:
- 1 cawan kangkung Lacinato yang dicincang halus
- 1 sudu teh minyak zaitun
- 1 sudu teh jus lemon
- ¼ cawan quinoa masak
- ½ daripada alpukat, dihiris
- 3-4 keping bacon terung
- 1 biji telur goreng
- ½ sudu teh dukkah

ARAHAN:
UNTUK MEMBUAT BACON TERUNG RANGUP:
a) Satukan air, garam halal, sirap maple, cuka sari apel, minyak zaitun, Tamari, paprika manis, serbuk bawang putih, asap cair dan lada hitam dalam mangkuk. Pukul hingga sebati.
b) Lapiskan hirisan terung ke dalam pinggan cetek dan tuangkan perapan di atas. Biarkan terung perap selama 15-30 minit, pastikan semua hirisan terung terendam dalam perapan dengan memutarkannya sekurang-kurangnya sekali.
c) Panaskan ketuhar hingga 425°F (220°C) dengan rak di tengah. Lapik loyang dengan kertas parchment dan letakkan rak pembakar dawai di atasnya.
d) Letakkan hirisan terung perap di atas rak, simpan perapan. Bakar selama 12-14 minit sehingga terung mula karamel. Keluarkan dari ketuhar dan biarkan terung sejuk di atas rak.
e) Setelah terung telah sejuk dan garing (kira-kira 2 minit), celupkan setiap hirisan bacon terung ke dalam perapan dan letakkan semula di atas rak pembakar.
f) Taburkan dengan garam dan lada sulah tambahan. Bakar selama 2 minit tambahan, kemudian keluarkan dari ketuhar dan biarkan ia sejuk sepenuhnya di atas rak sebelum dihidangkan.

UNTUK MEMBINA MANGKUK SARAPAN:
g) Dalam mangkuk hidangan yang besar, gabungkan kangkung yang dicincang dengan minyak zaitun dan jus lemon. Urut dengan tangan anda sehingga kangkung mula lembut.
h) Lipat quinoa yang dimasak sehingga sebati, kemudian letakkan hirisan alpukat, kepingan daging terung, telur goreng, dan taburan dukkah.
i) Hidangkan mangkuk sarapan bacon terung rangup anda dengan segera dan nikmatilah!

66. Pusingan Terung Sumbat Ricotta

BAHAN-BAHAN:
- 1 Terung Sederhana
- Garam laut

PENGISIAN
- 6 auns Keju Ricotta
- ¼ cawan Keju Parmesan
- 3 Sudu Besar Parsley Segar
- 1 sudu kecil Serbuk Bawang Putih
- 1 biji telur

MEMORI
- 2 biji telur
- 1.5 cawan Serbuk Kulit Babi
- 2 sudu kecil Perasa Itali
- ¼ cawan Keju Parmesan (untuk roti)

ARAHAN:

a) Potong terung menjadi bulatan ½ inci. Letakkan pada lembaran pembakar yang dialas dengan tuala kertas dan taburkan garam laut di bahagian atas. Letakkan tuala kertas di atasnya dan satu lagi lembaran pembakar. Tambah mangkuk atau pinggan untuk menimbang kuali untuk mengeluarkan lebihan air selama 30 minit.

b) Semasa terung yang dihiris berpeluh, gabungkan ricotta, parmesan, pasli dan sebiji telur dalam mangkuk dan ketepikan.

c) Keluarkan tuala kertas dari terung dan lap lebihan garam. Sapukan satu sudu besar campuran ricotta di atas setiap pusingan dan ratakan ke seluruh terung dengan pisau mentega. Ulang dengan semua hirisan terung.

d) Letakkan bulatan terung berlapis ricotta ke atas loyang dan letakkannya ke dalam peti sejuk untuk ditetapkan.

e) Setelah set, masukkan dua telur ke dalam hidangan dan kemudian gabungkan kulit babi, ¼ cawan parmesan, dan perasa Itali dalam hidangan berasingan. Salut setiap kepingan terung dalam basuhan telur dan kemudian dalam campuran kulit babi. Tekan ke bawah mengikut keperluan untuk menyalut sama rata.

f) Letakkan setiap pusingan semula ke atas lembaran pembakar dan ke dalam peti sejuk sekali lagi untuk ditetapkan, kira-kira 30 - 45 minit.

g) Hanya 8 minit pada suhu 375 F dalam penggoreng udara adalah jumlah masa yang tepat untuk mendapatkan salutan perang keemasan yang rangup dan terung yang dimasak dengan sempurna.

67. Spam dan tempura terung

BAHAN-BAHAN:
- 1 tin Spam, dihiris menjadi jalur nipis
- 1 biji terung bersaiz sederhana, dihiris bulat nipis
- Minyak sayuran, untuk menggoreng
- 1 cawan tepung serba guna
- ¼ cawan tepung jagung
- ½ sudu teh garam
- 1 cawan air sejuk ais
- Kicap atau sos pencicah, untuk dihidangkan

ARAHAN:
a) Panaskan minyak sayuran dalam penggoreng dalam atau periuk besar hingga sekitar 350°F (175°C).
b) Dalam mangkuk adunan, satukan tepung serba guna, tepung jagung dan garam.
c) Masukkan air ais sejuk secara beransur-ansur, kacau perlahan-lahan, sehingga anda mencapai konsistensi adunan yang licin. Berhati-hati untuk tidak terlalu bercampur; tidak mengapa jika ada sedikit ketulan.
d) Celupkan setiap kepingan Spam dan terung ke dalam adunan tempura, pastikan ia bersalut sama rata. Biarkan lebihan adunan menitis sebelum dimasukkan dengan teliti ke dalam minyak panas.
e) Goreng hirisan spam dan terung secara berkelompok, pastikan penggoreng atau periuk tidak terlalu sesak. Masak selama kira-kira 2-3 minit atau sehingga adunan tempura bertukar keemasan dan garing.
f) Keluarkan mereka dari minyak menggunakan sudu atau penyepit berlubang dan pindahkannya ke pinggan yang dialas dengan tuala kertas untuk menyerap sebarang minyak yang berlebihan.
g) Ulangi proses dengan baki hirisan Spam dan terung sehingga semua masak.
h) Hidangkan spam dan tempura terung panas dengan kicap atau sos pencicah pilihan anda.
i) Anda boleh menikmatinya seadanya atau menghidangkannya bersama nasi kukus dan tumis sayur untuk hidangan lengkap.

68. kerepek terung

BAHAN-BAHAN:
- Terung dipotong bersilang dalam hirisan ¼ inci atau segi empat tepat sebesar jari
- Minyak panas

ARAHAN:
a) Potong terung secara bersilang dalam hirisan ¼ inci atau segi empat tepat saiz jari.
b) Titiskan sekali gus dalam minyak panas (375*) pada termometer penggorengan) Goreng hingga kekuningan. Toskan pada kertas penyerap. Perasakan secukup rasa.
c) Hidangkan sebagai pembuka selera atau sebagai sayuran.

69. Kroket Terung

BAHAN-BAHAN:
- 2 biji terung, kupas dan potong dadu
- 1 cawan serbuk roti perasa
- 2 sudu besar pasli segar, dicincang
- 1 ulas Bawang Putih, dikisar
- 1 sudu teh Garam
- 1 cawan Keju tajam, parut
- 2 biji telur
- 2 sudu besar Bawang besar, dicincang halus
- 1 cawan minyak jagung (untuk menumis)
- ½ sudu teh Lada

ARAHAN:
a) Dalam periuk bertutup, masak terung potong dadu dalam sedikit air mendidih sehingga lembut, yang sepatutnya mengambil masa kira-kira 4-5 minit. Toskan terung yang telah dimasak dan tumbuk menggunakan garpu atau tumbuk kentang.
b) Dalam mangkuk adunan, satukan terung tumbuk dengan serbuk roti berperisa, pasli segar yang dicincang, bawang putih cincang, garam, keju parut tajam, telur dan bawang besar yang dicincang halus. Campurkan semua bahan hingga sebati.
c) Bentuk adunan menjadi patties menggunakan tangan anda, membentuknya menjadi kroket bersaiz seragam.
d) Dalam kuali besar atau kuali, panaskan minyak jagung di atas api yang sederhana tinggi.
e) Goreng kroket terung dalam minyak panas sehingga mereka bertukar menjadi perang keemasan dan garing di kedua-dua belah, yang sepatutnya mengambil masa kira-kira 5 minit setiap sisi.
f) Setelah kroket masak, keluarkannya dari minyak dan letakkannya di atas tuala kertas untuk mengalirkan minyak yang berlebihan.
g) Hidangkan Kroket Terung yang lazat semasa ia masih hangat dan rangup.
h) Nikmati Kroket Terung yang lazat dan berperisa ini sebagai pembuka selera yang menarik atau hidangan sampingan yang lazat. Gabungan terung tumbuk lembut, keju, herba dan serbuk roti mencipta tekstur dan rasa yang menarik yang pasti menarik minat selera anda!

70.Terung Walnut Sebar

BAHAN-BAHAN:
- 2 sudu besar minyak zaitun
- 1 bawang kecil, dicincang
- 1 biji terung kecil, dikupas dan dipotong menjadi dadu inci
- 2 ulas bawang putih, cincang
- 1 sudu teh garam
- ⅛ sudu teh cayenne kisar
- 1 cawan walnut cincang
- 1 sudu besar basil cincang segar
- 2 sudu besar mayonis vegan
- 2 sudu besar pasli segar yang dicincang, untuk hiasan

ARAHAN:

a) Dalam kuali besar, panaskan minyak dengan api sederhana. Masukkan bawang besar, terung, bawang putih, garam, dan cayenne. Tutup dan masak sehingga lembut, kira-kira 15 minit. Kacau dalam walnut dan selasih dan ketepikan sehingga sejuk.

b) Pindahkan campuran terung yang telah disejukkan ke pemproses makanan. Masukkan mayonis dan proses hingga rata. Rasa, laraskan perasa jika perlu, dan kemudian pindahkan ke mangkuk sederhana dan hiaskan dengan pasli.

c) Jika tidak digunakan segera, tutup dan sejukkan sehingga diperlukan.

d) Disimpan dengan betul, ia akan disimpan sehingga 3 hari.

71. Terung goreng tempura

BAHAN-BAHAN:
- 1 biji terung bersaiz sederhana
- Minyak sayuran, untuk menggoreng
- 1 cawan tepung serba guna
- ¼ cawan tepung jagung
- ½ sudu teh garam
- 1 cawan air sejuk ais
- Sos pencicah pilihan anda (cth, kicap, sos ponzu, atau sos cili manis)

ARAHAN:

a) Potong terung menjadi bulat atau jalur, bergantung pada pilihan anda. Anda boleh mengupas kulit atau membiarkannya, berdasarkan pilihan anda dan tekstur terung yang anda inginkan.

b) Letakkan hirisan terung pada tuala kertas dan taburkannya dengan garam. Biarkan mereka duduk selama kira-kira 10 minit untuk mengeluarkan kelembapan berlebihan. Langkah ini membantu mengelakkan terung daripada menjadi terlalu basah semasa menggoreng.

c) Sementara itu, panaskan minyak sayuran dalam penggoreng dalam atau periuk besar hingga sekitar 350°F (175°C).

d) Dalam mangkuk adunan, satukan tepung serba guna, tepung jagung dan garam. Masukkan air ais sejuk secara beransur-ansur, kacau perlahan-lahan, sehingga anda mencapai konsistensi adunan yang licin. Berhati-hati untuk tidak terlalu bercampur; tidak mengapa jika ada sedikit ketulan.

e) Keringkan hirisan terung dengan tuala kertas untuk mengeluarkan garam dan kelembapan yang berlebihan.

f) Celupkan setiap hirisan terung ke dalam adunan tempura, pastikan ia bersalut sama rata. Biarkan lebihan adunan menitis sebelum meletakkan kepingan dengan teliti ke dalam minyak panas.

g) Goreng hirisan terung secara berkelompok, pastikan penggoreng atau periuk tidak terlalu sesak. Masak selama kira-kira 2-3 minit atau sehingga adunan tempura bertukar keemasan dan garing.

h) Keluarkan mereka dari minyak menggunakan sudu atau penyepit berlubang dan pindahkannya ke pinggan yang dialas dengan tuala kertas untuk menyerap sebarang minyak yang berlebihan.

i) Ulangi proses dengan baki hirisan terung sehingga semua masak.

j) Hidangkan terung goreng tempura panas-panas dengan sos pencicah pilihan anda. Mereka membuat pembuka selera yang lazat atau boleh dihidangkan sebagai ulam dengan hidangan utama.

72. Celup Terung Bakar Bara Asap

BAHAN-BAHAN:
- 3 biji terung dunia (kira-kira 3 paun, atau 1.35 kg, jumlah)
- 1 bawang merah, tidak dikupas
- 2 ulas bawang putih, cincang
- ¼ cawan (60 ml) minyak zaitun, ditambah lagi untuk menyiram
- ¾ sudu teh garam halal, ditambah lagi untuk perasa
- ¼ cawan (60 g) tahini
- 2 sudu besar (30 ml) jus lemon segar
- ¼ sudu teh jintan halus
- Segenggam pasli segar cincang, ditambah lagi untuk hiasan
- Paprika salai, untuk hiasan

ARAHAN:
a) Sediakan api satu tingkat yang panas di dalam lubang api dan ratakan arang ke dalam katil rata dan seragam sekurang-kurangnya 2 inci (5 cm) dalam.
b) Cucuk terung di beberapa tempat dengan garpu.
c) Letakkan terung dan bawang merah terus di atas arang. Bakar, putar sekali-sekala, sehingga terung hancur, dagingnya sangat lembut, dan kulitnya hangus di seluruh, kira-kira 20 minit untuk terung dan 30 minit untuk bawang.
d) Pindahkan sayur-sayuran ke papan pemotong dan biarkan sejuk.
e) Belah separuh terung memanjang. Keluarkan daging dan letakkan dalam penapis mesh. (Tidak apa-apa untuk membiarkan sebahagian daripada serpihan terbakar, kerana ia menambah rasa.) Biarkan toskan selama sekurang-kurangnya 15 minit, tumbuk daging dengan belakang sudu mengikut keperluan untuk mengeluarkan cecair yang berlebihan.
f) Sementara itu, potong dan kupas bawang. Cincang kasar dan pindahkan ke pemproses makanan. Masukkan bawang putih, minyak zaitun, dan garam. Denyut menjadi puri ketul. Masukkan terung, tahini, jus lemon, dan jintan manis. Pukul hingga bahan sebati tetapi masih mempunyai sedikit tekstur. Rasa dan tambah lebih banyak garam, seperti yang dikehendaki.
g) Pindahkan baba ghanoush ke mangkuk sederhana dan kacau pasli.
h) Siram dengan sedikit minyak zaitun, taburkan secubit paprika di atasnya, dan hiaskan dengan pasli sebelum dihidangkan.

73. Kentang Goreng Terung Bakar

BAHAN-BAHAN:
- 1 biji terung besar
- ¼ cawan tepung gandum
- 2 biji telur, dipukul
- 1 cawan serbuk roti gandum
- ½ sudu teh oregano kering
- ¼ sudu teh serbuk bawang putih
- Garam dan lada sulah secukup rasa

ARAHAN:
a) Panaskan ketuhar hingga 425°F (220°C) dan alaskan loyang dengan kertas parchment.
b) Potong terung menjadi jalur seperti goreng.
c) Letakkan tepung, telur yang dipukul dan serbuk roti dalam mangkuk yang berasingan.
d) Celupkan setiap jalur terung ke dalam tepung, kemudian ke dalam telur yang telah dipukul, dan akhirnya ke dalam serbuk roti, tekan perlahan-lahan untuk melekat.
e) Susun goreng terung bersalut dalam satu lapisan pada loyang.
f) Taburkan oregano kering, serbuk bawang putih, garam, dan lada sulah di atas kentang goreng terung.
g) Bakar selama 15-20 minit, terbalikkan separuh, sehingga kentang goreng berwarna perang keemasan dan rangup.
h) Keluarkan dari ketuhar dan hidangkan panas.

74. Celup Terung Bakar

BAHAN-BAHAN:
- 3 terung sederhana dengan kulit (varieti besar, bulat, ungu)
- 2 sudu besar minyak
- 1 sudu kecil biji jintan manis
- 1 sudu teh ketumbar kisar
- 1 sudu kecil serbuk kunyit
- 1 biji bawang besar kuning atau merah, kupas dan potong dadu
- 1 keping akar halia, kupas dan parut atau kisar
- 8 ulas bawang putih, kupas dan parut atau kisar
- 2 tomato sederhana, dikupas (jika boleh) dan dipotong dadu
- 4 cili Thai, serrano, atau cayenne hijau, dicincang
- 1 sudu teh serbuk cili merah atau cayenne
- 1 sudu besar garam laut kasar

ARAHAN:
a) Tetapkan rak ketuhar pada kedudukan kedua tertinggi. Panaskan daging ayam kepada 500°F (260°C). Alas loyang dengan aluminium foil untuk mengelakkan kucar-kacir nanti.
b) Cucuk lubang pada terung dengan garpu (untuk mengeluarkan wap) dan letakkan di atas loyang. Panggang selama 30 minit, pusing sekali. Kulit akan hangus dan terbakar di beberapa kawasan apabila ia selesai. Keluarkan loyang dari ketuhar dan biarkan terung sejuk selama sekurang-kurangnya 15 minit. Dengan pisau tajam, potong belah memanjang dari satu hujung setiap terung ke hujung yang lain, dan tariknya terbuka sedikit. Keluarkan daging panggang di dalamnya, berhati-hati untuk mengelakkan wap dan selamatkan jus sebanyak mungkin. Letakkan daging terung panggang dalam mangkuk—anda akan mempunyai kira-kira 4 cawan (948 mL).
c) Dalam kuali yang dalam dan berat, panaskan minyak di atas api yang sederhana tinggi.
d) Masukkan jintan manis dan masak sehingga mendidih kira-kira 30 saat.
e) Masukkan ketumbar dan kunyit. Campurkan dan masak selama 30 saat.
f) Masukkan bawang dan perang selama 2 minit.
g) Masukkan akar halia dan bawang putih dan masak selama 2 minit lagi.
h) Masukkan tomato dan cili. Masak selama 3 minit, sehingga adunan lembut.
i) Masukkan daging dari terung panggang dan masak selama 5 minit lagi, gaul sekali-sekala untuk mengelakkan melekat.
j) Masukkan serbuk cili merah dan garam. Pada ketika ini, anda juga harus mengeluarkan dan membuang sebarang kepingan kulit terung yang hangus.
k) Kisar adunan ini menggunakan pengisar rendaman atau dalam pengisar yang berasingan. Jangan berlebihan—mesti masih ada tekstur. Hidangkan dengan hirisan naan panggang, keropok atau kerepek tortilla. Anda juga boleh menghidangkannya secara tradisional dengan hidangan roti India, lentil dan raita.

75. Terung Bakar dan Chaumes

BAHAN-BAHAN:
- 3 ulas bawang putih, dikisar
- 5 sudu besar mayonis
- Jus ½ lemon atau limau nipis (kira-kira 1 sudu besar atau secukup rasa)
- 3 sudu kecil serbuk cili
- 1 sudu kecil paprika
- ½ sudu teh jintan halus
- 1 secubit besar daun oregano kering, dihancurkan
- 2 sudu besar minyak zaitun extra-virgin
- Beberapa shake sos cili berasap seperti Chipotle Tabasco
- 2 sudu besar ketumbar segar yang dicincang kasar
- 1 biji terung, potong bersilang menjadi kepingan setebal ¼ hingga ½ inci
- Minyak zaitun
- 4 gulung putih lembut atau masam, atau 8 keping roti putih atau masam gaya desa
- ¾ cawan perap lada merah dan/atau kuning panggang, sebaik-baiknya dalam air garam
- Kira-kira 12 auns keju separuh lembut tetapi berperisa

ARAHAN:

a) Untuk membuat Aioli Cili Merah: Dalam mangkuk kecil, gabungkan bawang putih dengan mayonis, jus lemon, serbuk cili, paprika, jintan putih, dan oregano; kacau rata hingga sebati. Dengan sudu atau pemukul anda, pukul dalam minyak zaitun, tambah minyak beberapa sudu teh pada satu masa dan pukul sehingga dimasukkan ke dalam campuran sebelum menambah yang lain.

b) Apabila halus, goncang dalam sos cili salai secukup rasa, dan akhir sekali masukkan ketumbar. Tutup dan sejukkan sehingga sedia untuk digunakan.

c) Untuk menyediakan terung, sapu sedikit hirisan terung dengan minyak zaitun dan panaskan kuali nonstick berat di atas api yang sederhana tinggi.

d) Gorengkan hirisan terung pada setiap sisi sehingga ia berwarna perang dan lembut apabila dicucuk dengan garpu. Mengetepikan.

e) Untuk membuat sandwic: Letakkan gulungan lembut yang terbuka dan sapukan aioli cili merah dengan murah hati di bahagian dalam. Lapiskan hirisan terung pada satu sisi gulung, kemudian lada, kemudian lapisan keju. Tutup dan tekan bersama dengan baik. Sapu sedikit bahagian luar setiap sandwic dengan minyak zaitun.

f) Panaskan kuali sekali lagi di atas api sederhana tinggi, kemudian masukkan sandwic dan kecilkan api kepada sederhana-rendah. Beratkan sandwic, dan masak selama beberapa minit. Apabila roti bahagian bawah berwarna keemasan dan sedikit keperangan, terbalikkan dan masak bahagian lain, sama beratnya.

g) Apabila bahagian itu keemasan dan garing, keju harus cair dan melekit; ia mungkin meleleh sedikit dan garing seperti yang berlaku. (Jangan buang serpihan rangup yang lazat ini, cuma letakkannya pada setiap pinggan bersama sandwic.)

h) Keluarkan sandwic ke pinggan; potong separuh dan hidangkan.

76. Panini dari Terung Parmigiana

BAHAN-BAHAN:
- ¼ cawan minyak zaitun extra-virgin, atau mengikut keinginan, dibahagikan
- 1 biji terung sederhana, dihiris ½ hingga ¾ inci tebal
- garam
- 4 gulungan besar lembut, masam atau manis
- 3 ulas bawang putih, cincang
- 8 helai daun selasih segar yang besar
- Kira-kira ½ cawan keju ricotta
- 3 sudu besar Parmesan, pecorino atau keju Locatelli Romano yang baru diparut
- 7 auns keju mozzarella segar
- 4 biji tomato berair masak, dihiris nipis (termasuk jusnya)

ARAHAN:

a) Susun hirisan terung di atas papan pemotong dan taburkan garam secukupnya. Biarkan selama kira-kira 20 minit atau sehingga titisan lembapan muncul di permukaan terung. Bilas dengan baik, kemudian keringkan terung.

b) Panaskan 1 sudu besar minyak dalam kuali nonstick berat di atas api sederhana. Tambah seberapa banyak terung yang sesuai dalam satu lapisan dan tidak sesak antara satu sama lain. Perangkan hirisan terung, gerakkan supaya ia keperangan dan masak tetapi tidak hangus.

c) Putar dan masak pada bahagian kedua sehingga bahagian itu juga menjadi perang sedikit dan terung lembut apabila dicucuk dengan garpu. Apabila terung masak, keluarkan ke dalam pinggan atau kuali, dan teruskan memasukkan terung sehingga semuanya masak. Ketepikan beberapa minit.

d) Buka gulungan dan tarik sedikit bahagian dalam yang gebu keluar, kemudian taburkan setiap bahagian yang dipotong dengan bawang putih yang dicincang. Pada 1 sisi setiap gulungan, letakkan hirisan atau 2 terung, kemudian atasnya dengan sehelai daun atau 2 basil, sedikit keju ricotta, taburan Parmesan dan lapisan mozzarella. Selesai dengan hirisan tomato; tutup dan tekan perlahan-lahan untuk mengelak bersama.

e) Panaskan kuali yang sama di atas api sederhana tinggi atau gunakan penekan panini, dan sapu sandwic dengan sedikit minyak zaitun di bahagian luarnya. Perangkan atau panggang sandwic, tekan apabila ia berwarna perang dan garing.

f) Apabila bahagian pertama berwarna perang, terbalikkan dan perangkan bahagian kedua sehingga keju cair. Hidangkan segera.

77. Veggie Pizza Keju Bakar

BAHAN-BAHAN:
- 16 auns Mozzarella, dihiris
- 15 auns Ricotta
- 4 Sudu Besar Parmesan, dibahagikan
- 1 biji terung, kecil
- 2 biji lada merah
- 1 zucchini, besar
- ¾ cawan minyak zaitun, dibahagikan
- 1 sudu teh bawang putih segar, dicincang
- 4 - 8 inci kerak pizza, masak terlebih dahulu
- 1 tangkai rosemary segar, bertangkai dan dicincang halus

ARAHAN:
a) Panaskan ketuhar hingga 375 darjah F.
b) Kupas terung dan potong menjadi kepingan ¼ inci. Potong lada dan zucchini menjadi kepingan ¼ inci. Letakkan sayur-sayuran di atas lembaran pembakar dan salutkan sedikit dengan minyak zaitun. Bakar dalam ketuhar pada 375 darjah selama 15-20 minit sehingga lembut.
c) Dalam mangkuk adunan, masukkan ricotta, bawang putih, dan separuh daripada Parmesan dan gaul dengan garpu sehingga sebati. Lipat untuk menjadikan ricotta lebih gebu. Mengetepikan.
d) Letakkan kerak pizza yang telah dibakar dan salutkan sedikit dengan baki minyak zaitun. Taburkan satu bahagian dengan rosemary cincang dan baki Parmesan. Terbalikkan, dan pada bahagian yang tidak dibumbui sapukan campuran ricotta. Mengetepikan.
e) Setelah sayur-sayuran siap, pasangkan sandwic dengan meletakkan terung, zucchini, dan lada pada separuh kerak ricotta diikuti dengan mozzarella. Tutup dan masukkan ke dalam kuali yang telah dipanaskan atau kuali nonstick pada api yang rendah hingga sederhana. Pastikan kuali lebih besar daripada kerak.
f) Masak selama lebih kurang 90 saat, tekan dengan spatula. Balik dan ulang sehingga perang keemasan dan keju cair sepenuhnya. Angkat, potong dan hidangkan.

78.Penggoreng terung

BAHAN-BAHAN:
- 1 biji Terung kecil
- 1 sudu teh Cuka
- 1 biji telur
- ¼ sudu teh Garam
- 3 sudu besar Tepung
- ½ sudu teh serbuk penaik

ARAHAN:
a) Kupas dan potong terung. Masak sehingga empuk dalam air mendidih, masin.
b) Masukkan cuka dan biarkan selama seminit untuk mengelakkan perubahan warna.
c) Toskan terung dan tumbuk.
d) Pukul bahan-bahan lain dan jatuhkan dari sudu ke dalam lemak panas, putar goreng supaya ia berwarna perang sekata.
e) Toskan dengan baik pada tuala kertas dan tetap hangat.
f) Bawang cincang halus, pasli, dsb., boleh ditambah.

79. Sandwic Terung Bakar

BAHAN-BAHAN:
- 1 sudu teh minyak zaitun
- 2 biji telur
- ½ cawan tepung serba guna, atau lebih mengikut keperluan
- garam dan lada hitam yang baru dikisar secukup rasa
- 1 secubit lada cayenne, atau lebih secukup rasa
- 1 cawan serbuk panko
- 8 hirisan terung, potong setebal 3/8 inci
- 2 keping keju provolone, potong empat
- 12 keping nipis salami
- 2 ⅔ sudu besar minyak zaitun, dibahagikan
- 2 ⅔ sudu besar keju Parmigiano-Reggiano parut halus, dibahagikan

ARAHAN:

a) Panaskan ketuhar hingga 425 darjah F (220 darjah C). Lapik loyang dengan aluminium foil.
b) Pukul telur dalam mangkuk kecil dan cetek. Campurkan tepung, garam, lada hitam, dan lada cayenne dalam hidangan cetek yang besar. Tuangkan serbuk panko ke dalam hidangan cetek besar yang lain.
c) Teratas satu keping terung dengan ¼ keping keju provolone, 3 keping salami dan ¼ keping keju provolone. Letakkan hirisan terung yang sama besar di atasnya. Ulangi dengan baki hirisan terung, keju dan salami.
d) Tekan perlahan setiap sandwic terung ke dalam tepung berperisa untuk disalut; buang lebihan. Celupkan kedua-dua belah setiap sandwic ke dalam telur yang telah dipukul, kemudian tekan ke dalam serbuk panko. Letakkan pada lembaran pembakar yang disediakan semasa anda membuat sandwic terung yang tinggal.
e) Gerimis 1 sudu teh minyak zaitun dalam bulatan kira-kira 3 inci diameter pada kerajang; letakkan sandwic terung di kawasan yang telah diminyaki. Taburkan kira-kira 1 sudu teh keju Parmigiano-Reggiano di atas sandwic. Ulangi dengan baki 3 sandwic, siram kawasan pada kerajang dengan minyak zaitun, letakkan sandwic pada minyak, dan topping dengan keju Parmesan. Siram bahagian atas setiap sandwic dengan 1 sudu teh minyak zaitun.
f) Bakar dalam ketuhar yang telah dipanaskan selama 10 minit. Balikkan sandwic dan taburkan 1 sudu teh keju Parmigiano-Reggiano ke atas. Bakar sehingga keperangan dan pisau pemangkas mudah dimasukkan ke dalam terung, 8 hingga 10 minit lagi. Hidangkan hangat atau pada suhu bilik.

80. Terung bruschetta atau gratin

BAHAN-BAHAN:
- 1 Terung dengan kulit
- 1 cawan sos tomato
- 1 cawan keju mozzarella parut
- 1 sudu besar Marjoram
- 4 keping roti gandum

ARAHAN:
a) Potong terung menjadi kepingan bulat. Goreng hirisan dalam kuali dengan sedikit minyak.
b) Roti bakar. Sapukan sos tomato ke atas roti bakar.
c) Letakkan hirisan terung di atas. Taburkan keju mozzarella parut.
d) Taburkan sedikit marjoram.
e) Letakkan dalam ketuhar di bawah ayam daging selama 2 - 3 minit atau sehingga keju perang.

81. Bresaola dan Terung Bruschetta

BAHAN-BAHAN:
- 3 sudu besar minyak zaitun dara
- ½ bawang merah sederhana, dihiris nipis
- 2 biji terung jepun kecil
- 2 sudu besar cuka wain merah
- ½ paun mozarella segar
- 8 helai daun selasih, chiffonade
- 4 Keping besar negara Itali
- roti
- ¼ paun Bresaola, kertas yang dihiris nipis

ARAHAN:

a) Dalam kuali tumis 10 hingga 12 inci panaskan minyak zaitun sehingga berasap.

b) Masukkan bawang dan masak sehingga lembut, kira-kira 9 hingga 10 minit.

c) Sementara itu, potong terung menjadi bulatan setebal ¼ inci.

d) Apabila bawang telah lembut, masukkan terung ke dalam kuali dan masak, kacau selalu sehingga terung gelap dan lembut.

e) Tambah 2 sudu besar cuka wain merah dan keluarkan dari api untuk menyejukkan.

f) Potong mozzarella segar menjadi kiub ¼ inci dan masukkan ke dalam campuran terung yang telah disejukkan.

g) Masukkan basil dan perasakan dengan garam dan lada sulah secukup rasa.

h) Bakar atau bakar roti di kedua-dua belah dan sudukan sejumlah besar pada setiap keping roti. Letakkan 3 keping Bresaola di atas campuran terung dan hidangkan.

82.Ragout Terung-Dan–Kacang Putih

BAHAN-BAHAN:
- 1¼ sudu teh garam halal
- 1 sudu besar pes tomato tanpa garam
- 1 lada benggala hijau, dicincang
- ¼ sudu teh lada hitam
- 8½-auns balang tomato kering dalam minyak, dicincang
- 1 biji bawang kuning, dikisar
- 3 cawan couscous gandum masak panas
- Lada merah ditumbuk
- 1 sudu besar cuka balsamic atau wain merah
- 30 auns kacang cannellini tanpa garam, toskan dan bilas
- 1 biji terung, kupas dan potong dadu
- ½ cawan stok sayur tanpa garam
- 2 sudu teh thyme segar yang dicincang
- 3 ulas bawang putih, dikisar
- 2 sudu besar pasli daun rata segar atau selasih yang dicincang

ARAHAN:
a) Toskan terung dengan separuh garam dan toskan dalam colander selepas 10 minit. Bilas dan keringkan.
b) Dalam kuali nonstick, panaskan 2 sudu besar minyak tomato di atas api yang sederhana tinggi.
c) Masukkan terung, dan perangkan terung pada semua sisi, kira-kira 5 minit.
d) Masak selama 2 minit, kacau kerap, dengan bawang putih, bawang merah, dan lada benggala.
e) Letakkan campuran terung dalam periuk perlahan.
f) Masukkan tomato cincang, kacang, stok, pes tomato, thyme, lada hitam, dan garam yang tinggal.
g) Masak dengan api perlahan selama 5 jam, atau sehingga terung menjadi sangat lembut.
h) Keluarkan Periuk Perlahan dari api dan pukul dalam pasli dan cuka.
i) Edarkan couscous pada empat pinggan.
j) Di atas couscous, sudukan ragout.
k) Hancurkan lada merah di atas.

83. Bebola Daging Terung dan Kacang kuda

BAHAN-BAHAN:
- 2 cawan terung masak, tumbuk
- 1 cawan kacang ayam masak, tumbuk
- ½ cawan serbuk roti
- ¼ cawan keju Parmesan parut
- 1 bawang kecil, dicincang halus
- 2 ulas bawang putih, dikisar
- 1 sudu besar basil segar yang dicincang
- 1 sudu teh oregano kering
- Garam dan lada sulah secukup rasa
- 1 biji telur, dipukul

ARAHAN:
a) Dalam mangkuk besar, satukan semua bahan dan gaul rata.
b) Bentuk adunan menjadi bebola daging dan letakkan di atas loyang.
c) Bakar dalam ketuhar yang telah dipanaskan pada suhu 375°F (190°C) selama 20-25 minit atau sehingga perang dan garing.
d) Hidangkan bersama sos marinara dan spageti.

84. Terung bakar dan sup kunyit

BAHAN-BAHAN:
- 1 kentang Russet sederhana
- Minyak zaitun
- 1 Terung besar, belum dikupas, potong bulat setebal ¼ inci
- ¼ cawan minyak zaitun
- 1 bawang sederhana; dicincang
- 4 ulas bawang putih; dicincang
- ½ sudu teh oregano kering; hancur
- 5 cawan stok ayam atau sup dalam tin
- ⅛ sudu teh benang kunyit

ARAHAN:
a) Panaskan ketuhar kepada 375F. Tusuk kentang dengan garpu. Letakkan kentang di atas rak ketuhar dan bakar sehingga sangat lembut, kira-kira 1 jam.
b) Keluarkan dari ketuhar dan sejukkan. Lapik 2 helai baking dengan foil dan sapu dengan minyak zaitun.
c) Susun bulatan terung pada helaian yang telah disediakan. Bakar terung selama 15 minit. Tutup dengan kerajang.
d) Bakar sehingga sangat lembut dan perang, lebih kurang 30 minit lagi.
e) Panaskan ¼ cawan minyak zaitun dalam periuk besar yang berat di atas api sederhana tinggi.
f) Masukkan bawang, bawang putih, dan oregano dan tumis sehingga bawang dan bawang putih lut sinar kira-kira 10 minit. Potong kentang menjadi kepingan.
g) Satukan campuran kentang, terung dan bawang dalam pemproses. Dengan mesin berjalan, masukkan air rebusan ayam secara beransur-ansur dan gaul hingga rata. Pindahkan ke dalam periuk.
h) Masukkan kunyit dan biarkan mendidih.
i) Hidangkan panas.

85. Parmesan terung

BAHAN-BAHAN:
- 2 biji terung besar
- Garam (untuk peluh terung)
- 1 cawan tepung serba guna
- 4 biji telur besar, dipukul
- 2 cawan serbuk roti (sebaik-baiknya ala Itali)
- ½ cawan keju Parmesan parut
- ½ sudu teh oregano kering
- ½ sudu teh selasih kering
- ½ sudu teh serbuk bawang putih
- Minyak sayuran (untuk menggoreng)
- 2 cawan sos marinara
- 2 cawan keju mozzarella yang dicincang
- Daun selasih segar (untuk hiasan)

ARAHAN:

a) Panaskan ketuhar anda kepada 375°F (190°C).

b) Potong terung menjadi bulatan tebal ½ inci. Taburkan garam pada kedua-dua belah kepingan dan letakkannya dalam colander. Biarkan mereka duduk selama kira-kira 20 minit untuk membolehkan garam mengeluarkan kelembapan berlebihan. Bilas hirisan terung di bawah air sejuk dan keringkan dengan tuala kertas.

c) Dalam tiga mangkuk cetek yang berasingan, sediakan stesen roti anda. Dalam mangkuk pertama, masukkan tepung. Dalam mangkuk kedua, pukul telur. Dalam mangkuk ketiga, satukan serbuk roti, keju Parmesan parut, oregano kering, selasih kering, dan serbuk bawang putih.

d) Celupkan setiap hirisan terung ke dalam tepung, goncangkan sebarang lebihan. Kemudian celupkan ke dalam telur yang telah dipukul, biarkan lebihan menitis. Akhir sekali, salutkan hirisan dengan adunan serbuk roti, tekan perlahan-lahan untuk melekat pada serbuk roti.

e) Panaskan minyak sayuran dalam kuali besar di atas api sederhana tinggi. Goreng hirisan terung tepung roti secara berkelompok sehingga perang keemasan dan garing di kedua-dua belah, lebih kurang 3-4 minit setiap sisi. Letakkan kepingan goreng di atas pinggan beralaskan tuala kertas untuk mengalirkan lebihan minyak.

f) Dalam hidangan pembakar, sapukan lapisan nipis sos marinara di bahagian bawah. Susun lapisan hirisan terung goreng di atas sos. Sendukkan lagi sos marinara di atas terung dan taburkan keju mozzarella yang dicincang rata. Ulang lapisan sehingga semua hirisan terung digunakan, diakhiri dengan lapisan sos dan keju di atasnya.

g) Bakar Parmesan Terung dalam ketuhar yang telah dipanaskan selama kira-kira 25-30 minit, atau sehingga keju cair dan berbuih.

h) Keluarkan dari ketuhar dan biarkan ia sejuk selama beberapa minit sebelum dihidangkan. Hiaskan dengan daun selasih segar.

86. Terung dan ravioli walnut dalam sos

BAHAN-BAHAN:
PENGISIAN
- 1 biji terung
- ¼ cawan kenari cincang
- 1 cawan keju Ricotta
- ¼ cawan keju parmesan parut
- 4 sudu teh pasli cincang
- 2 sudu besar basil segar yang dicincang
- 1 sudu besar Biji segar; cincang
- Garam dan lada putih pesto--
- ½ cawan daun selasih segar dibungkus padat
- 1½ cawan kacang pain
- 1 sudu teh Kacang kenari cincang dicincang halus
- 1 Ulas Bawang Putih
- 3 sudu besar keju parmesan parut
- ⅓ cawan minyak zaitun
- Sos garam dan lada sulah
- 1 sudu besar mentega tanpa garam
- ¾ cawan sos tomato asas untuk pasta

PASTA
- ¾ paun Lembaran pasta segar nipis untuk doh Ravioli
- 2 cawan Tepung
- 4 biji telur

ARAHAN:

a) Kupas terung dan potong bersilang menjadi kepingan, tebal ½ inci (12mm).

b) Panaskan daging ayam. Susun hirisan terung di atas redai dalam kuali pedaging dan panggang hingga keperangan, 3-4 minit. Putar dan panggang bahagian kedua selama kira-kira 2-3 minit. Pindahkan terung ke papan pemotong dan potong kecil.

c) Letakkan pada tuala untuk mengalirkan sebarang cecair yang berlebihan dan biarkan sejuk. #2 Dalam mangkuk pemproses makanan, dipasang dengan bilah logam, gabungkan terung, walnut dan ¼ cawan keju ricotta. Haluskan hingga halus.

d) Pindahkan ke mangkuk dan tambah baki ricotta dan parmesan; pasli, selasih, dan bijak. Kacau hingga sebati. Tutup dan sejukkan selama sekurang-kurangnya 3 jam, paling lama 24 jam.

e) Buat pesto dalam pemproses makanan yang dilengkapi dengan bilah. Potong mengikut urutan yang disenaraikan, berakhir dengan minyak zaitun. Perasakan selepas anda merasainya.

f) Sebelum menggunakan inti, rasa dan perasakan dengan garam dan lada sulah. Buat ravioli: 1 sudu teh setiap bantal, air untuk mengelak. Ketepikan di atas rak untuk kering selama 1 hingga 2 jam. Ravioli kuasa dua lebih cepat, gunakan pemotong bulatan 2-½".

g) Perlahan-lahan masak ravioli dalam air mendidih yang banyak sehingga al dente, 3 hingga #6 Sementara itu, panaskan mentega, sos tomato dan pesto.

h) Toskan pasta dan hidangkan dalam mangkuk cetek yang hangat, dengan sos pesto yang dipanaskan dan Parmesan yang baru diparut.

87. Terung Dan Beras Provencale

BAHAN-BAHAN:
- 1 terung besar, kira-kira 2 paun
- 4 sudu besar minyak zaitun
- 3 cawan bawang cincang
- 1 lada hijau, dibuang inti dan dibiji, dipotong menjadi kiub 1 inci
- 2 ulas bawang putih kisar
- 1 sudu teh thyme cincang segar atau ½ sudu teh thyme kering
- 1 daun salam
- 3 biji tomato, dikupas, dibuang biji dan dicincang
- 1 cawan beras mentah
- 3¾ cawan air rebusan ayam
- Garam dan lada hitam
- ½ cawan keju parmesan parut
- 2 sudu besar mentega

ARAHAN:

a) Panaskan ketuhar hingga 400 darjah. Potong hujung terung dan potong menjadi kiub 1 inci.
b) Panaskan minyak dalam kuali besar dan masukkan kiub terung. Masak dengan api besar, goncang kuali sekali-sekala.
c) Masukkan bawang merah, lada hijau, bawang putih, thyme, dan daun bay, kacau.
d) Masukkan tomato dan kecilkan api,
e) Reneh selama 5 minit atau sehingga kebanyakan cecair dalam kuali tersejat.
f) Masukkan nasi dan air rebusan ayam.
g) Perasakan dengan garam dan lada sulah.
h) Sudukan adunan ke dalam loyang dan taburkan dengan keju,
i) Titik dengan mentega dan bakar, tanpa penutup, selama 30 minit.

88. Spaghetti Skuasy dengan Persil Terung

BAHAN-BAHAN:
UNTUK SKUAS:
- Spaghetti Skuasy
- minyak
- 2 atau 3 ulas bawang putih
- garam dan lada sulah secukup rasa
- keju parmesan

PERSILLADE TERUNG:
- Terung, dihiris
- ½ sudu besar garam
- ⅛ inci minyak zaitun
- bawang putih

ARAHAN:
UNTUK SKUAS:
a) Kukus dan carik spageti Skuasy seperti biasa.
b) Panaskan beberapa sudu minyak dalam kuali besar dan pusingkan dalam 2 atau 3 ulas bawang putih, masak perlahan-lahan selama satu atau dua minit.
c) Kemudian masukkan labu spageti dan lipat bersama bawang putih, tambah garam dan lada sulah secukup rasa, tambah lebih banyak minyak [atau mentega], dan masak mengikut tahap yang anda suka.
d) Kemudian toskan dengan sesudu keju Parmesan, putar ke atas pinggan panas, dan hiaskan dengan terung- tetapi jangan campurkannya.

PERSILLADE TERUNG:
a) Potong topi hijau, dan keluarkan kulit dengan pengupas sayuran. Potong menjadi kepingan ½ inci, potong kepingan menjadi jalur ½ inci, dan jalur menjadi dadu ½ inci. Masukkan colander dengan ½ sudu besar garam, dan biarkan mengalir selama sekurang-kurangnya 20 minit. Kemudian keringkan dengan tuala.
b) Isikan kuali besar [sebaik-baiknya yang tidak melekat] dengan ⅛ inci zaitun, dan tumiskan terung dengan api yang sederhana tinggi selama 4 hingga 5 minit dengan kerap melambung, sehingga diuji lembut dengan merasai sekeping.
c) Masukkan bawang putih dan toskan selama satu minit untuk memasaknya, kemudian toskan dengan pasli hanya pada saat terakhir.
d) Ini baik dengan sendirinya, sama ada panas atau sejuk.
e) Berikan lebih banyak keju kepada mereka yang menginginkannya.

89. Pasta Terung dan Tempe

BAHAN-BAHAN:
- 8 auns tempe
- 1 biji terung sederhana
- 12 kerang pasta besar
- 1 ulas bawang putih, tumbuk
- 1/4 sudu teh cayenne kisar
- Garam dan lada hitam yang baru dikisar
- Keringkan serbuk roti tanpa perasa
- 3 cawan sos marinara, buatan sendiri

ARAHAN:

a) Dalam periuk sederhana air mendidih, masak tempe selama 30 minit. Toskan dan ketepikan untuk sejuk.

b) Panaskan ketuhar hingga 450°F. Tusuk terung dengan garpu dan bakar di atas loyang yang telah disapu sedikit minyak sehingga lembut, kira-kira 45 minit.

c) Semasa terung dibakar, masak kulit pasta dalam periuk air masin mendidih, kacau sekali-sekala, sehingga al dente, kira-kira 7 minit. Toskan dan jalankan di bawah air sejuk. Mengetepikan.

d) Keluarkan terung dari ketuhar, belah memanjang, dan toskan sebarang cecair. Kurangkan suhu ketuhar kepada 350°F. Minyakkan sedikit loyang 9 x 13 inci. Dalam pemproses makanan, proses bawang putih sehingga halus. Masukkan tempe dan nadi hingga dikisar kasar. Kikis pulpa terung dari kulitnya dan masukkan ke dalam pemproses makanan dengan tempe dan bawang putih. Masukkan cayenne, perasakan dengan garam dan lada sulah secukup rasa, dan nadi untuk menggabungkan. Jika inti sudah longgar, masukkan sedikit serbuk roti.

e) Sapukan lapisan sos tomato di bahagian bawah hidangan pembakar yang disediakan. Masukkan inti ke dalam kulit sehingga dibungkus dengan baik.

f) Susun kerang di atas sos dan tuangkan baki sos ke atas dan di sekeliling kerang. Tutup dengan foil dan bakar sehingga panas, kira-kira 30 minit. Buka tutup, taburkan dengan Parmesan, dan bakar 10 minit lebih lama. Hidangkan segera.

90. Terung Chermoula dengan Bulgur dan Yogurt

BAHAN-BAHAN:
- 2 ulas bawang putih, ditumbuk
- 2 sudu teh jintan kisar
- 2 sudu teh ketumbar kisar
- 1 sudu kecil kepingan cili
- 1 sudu teh paprika manis
- 2 sudu besar kulit limau yang dipelihara dicincang halus
- ⅔ cawan minyak zaitun, ditambah tambahan untuk dihabiskan
- 2 biji terung sederhana
- 1 cawan bulgur halus
- ⅔ cawan air mendidih
- ⅓ cawan kismis emas
- 3½ sudu besar air suam
- ⅓ auns ketumbar, dicincang, ditambah tambahan untuk dihabiskan
- ⅓ auns pudina, dicincang
- ⅓ cawan buah zaitun hijau yang diadu, dibelah dua
- ⅓ cawan hirisan badam, dibakar
- 3 bawang hijau, dicincang
- 1½ sudu besar jus lemon yang baru diperah
- ½ cawan yogurt Yunani
- garam

ARAHAN:

a) Panaskan ketuhar hingga 400°F / 200°C.
b) Untuk membuat chermoula, campurkan dalam mangkuk kecil bawang putih, jintan putih, ketumbar, cili, paprika, lemon yang diawet, dua pertiga minyak zaitun, dan ½ sudu teh garam.
c) Potong terung separuh memanjang. Skorkan daging setiap separuh dengan skor silang yang dalam dan menyerong, pastikan anda tidak menusuk kulit. Sendukkan chermoula pada setiap bahagian, ratakan, dan letakkan di atas loyang yang dipotong ke atas. Masukkan ke dalam ketuhar dan panggang selama 40 minit, atau sehingga terung benar-benar lembut.
d) Sementara itu, letakkan bulgur dalam mangkuk besar dan tutup dengan air mendidih.
e) Rendam kismis dalam air suam. Selepas 10 minit, toskan kismis dan masukkannya ke bulgur, bersama-sama dengan minyak yang tinggal. Masukkan herba, buah zaitun, badam, bawang hijau, jus lemon, dan secubit garam dan kacau hingga sebati. Rasa dan tambah garam jika perlu.
f) Hidangkan terung hangat atau pada suhu bilik. Letakkan ½ terung, potong sebelah atas, pada setiap pinggan. Sendukkan bulgur di atas, biarkan sebahagiannya jatuh dari kedua-dua belah. Sudukan sedikit yogurt, taburkan ketumbar dan selesaikan dengan sedikit minyak.

91. Terung Bakar & Sup Mograbieh

BAHAN-BAHAN:
- 5 biji terung kecil
- minyak bunga matahari, untuk menggoreng
- 1 biji bawang, dihiris
- 1 sudu besar biji jintan manis, baru dikisar
- 1½ sudu teh pes tomato
- 2 biji tomato besar, kulit dan potong dadu
- 1½ cawan stok ayam atau sayur
- 1⅔ cawan air
- 4 ulas bawang putih, ditumbuk
- 2½ sudu teh gula
- 2 sudu besar jus lemon yang baru diperah
- ⅓ cawan mograbieh, atau maftoul, fregola atau couscous gergasi
- 2 sudu besar selasih yang dicincang, atau
- 1 sudu besar dill cincang, pilihan
- garam dan lada hitam yang baru dikisar

ARAHAN:

a) Mulakan dengan membakar tiga daripada terung dengan bawang putih, lemon, dan biji delima .

b) Potong baki terung ke dalam dadu ⅔ inci / 1.5cm. Panaskan kira-kira ⅔ cawan / 150 ml minyak dalam periuk besar di atas api yang sederhana tinggi. Bila dah panas masukkan dadu terung. Goreng selama 10 hingga 15 minit, kacau selalu, sehingga berwarna seluruhnya; tambah sedikit lagi minyak jika perlu supaya sentiasa ada sedikit minyak dalam kuali. Keluarkan terung, letakkan dalam colander untuk longkang, dan taburkan dengan garam.

c) Pastikan anda mempunyai baki 1 sudu besar minyak dalam kuali, kemudian masukkan bawang dan jintan putih dan tumis selama kira-kira 7 minit, kacau selalu. Masukkan pes tomato dan masak selama satu minit lagi sebelum masukkan tomato, stok, air, bawang putih, gula, jus lemon, 1½ sudu teh garam dan sedikit lada hitam. Reneh perlahan-lahan selama 15 minit.

d) Sementara itu, masak periuk kecil air masin hingga mendidih dan masukkan mograbieh atau alternatif. Masak sehingga al dente; ini akan berbeza mengikut jenama tetapi perlu mengambil masa 15 hingga 18 minit (semak paket). Toskan dan segarkan di bawah air sejuk.

e) Pindahkan daging terung yang dibakar ke dalam sup dan blitz kepada cecair licin dengan pengisar pegang tangan. Masukkan mograbieh dan terung goreng, simpan sedikit untuk hiasan pada akhirnya, dan reneh selama 2 minit lagi.

f) Rasa dan sesuaikan perasa. Hidangkan panas, dengan mograbieh dan terung goreng di atasnya dan dihiasi dengan selasih atau dill, jika anda suka.

92.Steak Terung

BAHAN-BAHAN:
- 2 biji terung Rosa Bianca
- 2 biji telur (dipukul)
- 1 cawan serbuk roti
- Segenggam pasli segar (dicincang)
- Garam dan lada sulah secukup rasa
- Minyak sayuran untuk menggoreng

ARAHAN:
a) Basuh terung dan keringkan. Potong hujungnya.
b) Potong setiap terung secara bersilang ke dalam kepingan tebal ⅓ inci.
c) Celupkan setiap kepingan ke dalam telur yang telah dipukul dan kemudian salutkan dengan serbuk roti.
d) Tekan serbuk roti ke dalam stik terung dengan tapak tangan anda, mengetuk apa-apa lebihan.
e) Susun semua hirisan terung roti di atas papan pemotong atau pinggan besar.
f) Dalam kuali yang besar dan dalam, panaskan minyak sayuran hingga 350°F (175°C).
g) Jika anda tidak mempunyai termometer dapur, anda boleh melakukan uji goreng dengan sekeping yang lebih kecil dahulu. Minyak sudah siap apabila kepingan itu mendesis serta-merta dan terapung ke atas.
h) Berhati-hati meletakkan stik terung dalam minyak yang telah dipanaskan dan gorengkannya pada setiap sisi selama 3 hingga 4 minit. Balikkannya dari semasa ke semasa untuk memastikan memasak sekata.
i) Keluarkan terung yang telah dimasak dan letakkan di atas tuala kertas untuk menyerap lebihan minyak.
j) Taburkan stik terung dengan garam dan lada sulah secukup rasa.
k) Nikmati stik terung semasa ia panas, disiram dengan herba segar.
l) Steak Terung ini adalah hidangan yang menarik yang menggabungkan dalaman berkrim dengan bahagian luar yang rangup. Ia sesuai untuk hidangan yang cepat dan mengenyangkan.

93.Salad Terung Bakar Lubnan

BAHAN-BAHAN:
- 2 biji terung besar
- 2 biji tomato, potong dadu
- 1 timun, potong dadu
- 1 lada benggala merah, potong dadu
- ½ bawang merah, dihiris nipis
- ¼ cawan pasli segar, dicincang
- ¼ cawan pudina segar, dicincang
- Jus 1 lemon
- 3 sudu besar minyak zaitun extra-virgin
- 2 ulas bawang putih, dikisar
- Garam dan lada natrium rendah, secukup rasa

ARAHAN:

a) Panaskan pemanggang atau kuali pemanggang di atas api yang sederhana tinggi.
b) Potong terung memanjang menjadi kepingan setebal ½ inci.
c) Sapu kedua-dua belah hirisan terung dengan minyak zaitun dan perasakan dengan garam dan lada sulah.
d) Letakkan hirisan terung di atas panggangan dan masak selama kira-kira 3-4 minit setiap sisi, sehingga ia lembut dan mempunyai tanda gril.
e) Keluarkan terung panggang dari api dan biarkan ia sejuk sedikit. Potong hirisan terung menjadi kepingan bersaiz gigitan.
f) Dalam mangkuk adunan yang besar, satukan terung panggang, tomato potong dadu, timun potong dadu, lada benggala merah potong dadu, bawang merah yang dihiris nipis, pasli cincang dan pudina cincang.
g) Dalam mangkuk kecil yang berasingan, pukul bersama jus lemon, minyak zaitun extra-virgin, bawang putih cincang, garam dan lada untuk membuat pembalut.
h) Tuangkan dressing ke atas bahan salad dalam mangkuk adunan besar. Gaulkan perlahan-lahan untuk sebati dan salutkan bahan-bahan dengan rata.
i) Sesuaikan perasa jika perlu.
j) Biarkan salad duduk selama kira-kira 10 minit untuk membolehkan rasa bercampur bersama.
k) Hidangkan Salad Terung Bakar Lubnan pada suhu bilik atau sejuk. Hiaskan dengan pasli cincang tambahan dan pudina, jika dikehendaki.
l) Nikmati salad yang menyegarkan dan sihat ini yang mempamerkan rasa lazat Lubnan!

94. Terung Ratatouille

BAHAN-BAHAN:
PENGARAM AWAL
- ½ paun terung
- ½ paun zucchini
- Mangkuk adunan 3 liter
- 1 sudu teh garam

SAUTÉING
- 4 sudu besar minyak zaitun
- Kuali enamel atau tidak melekat 10 hingga 12 inci
- ½ paun (1½ cawan) hirisan bawang
- 1 cawan hirisan lada hijau (kira-kira 2 lada)
- 2 ulas bawang putih tumbuk
- Garam dan lada
- 1 paun tomato, dikupas, dibiji, dan dijus
- 3 sudu besar pasli cincang

MEMASANG DAN MEMBAKAR
- Kaserol kalis api 2½ liter sedalam 2 inci

ARAHAN:

a) Kupas terung dan potong memanjang setebal ⅜ inci. Gosok zucchini di bawah air sejuk.

b) Potong dan buang dua hujung, dan potong zucchini menjadi kepingan memanjang ⅜ inci tebal. Gaulkan sayur-sayuran bersama-sama dalam mangkuk dengan garam dan biarkan selama 30 minit. longkang; keringkan dalam tuala.

c) Panaskan minyak zaitun dalam kuali, kemudian tumis terung dan hirisan zucchini hingga perang sedikit di kedua-dua belah. Angkat ke ulam. Tambah lebih banyak minyak jika perlu, dan masak bawang dan lada perlahan sehingga lembut. Masukkan bawang putih dan perasakan dengan garam dan lada sulah. Potong pulpa tomato menjadi jalur dan letakkan di atas bawang dan lada.

d) Tutup kuali dan masak selama 5 minit, kemudian buka tutup, naikkan api, dan rebus selama beberapa minit sehingga jus tomato hampir sejat sepenuhnya. Perasakan dengan garam dan lada; lipat dalam pasli.

e) Sudukan satu pertiga daripada campuran tomato ke bahagian bawah kaserol. Susun separuh daripada terung dan zucchini di atas, kemudian separuh tomato yang tinggal. Tutup dengan baki terung dan zucchini, dan yang terakhir campuran tomato. Tutup kaserol dan reneh dengan api perlahan selama 10 minit. Buka tutup, hujung kaserol, dan lumurkan dengan jus yang diberikan, dan betulkan perasa jika perlu. Naikkan api sedikit dan rebus perlahan-lahan sehingga jus hampir tersejat sepenuhnya.

f) Hidangkan panas dengan daging panggang, stik, hamburger dan ikan bakar.

g) Hidangkan sejuk dengan daging dan ikan sejuk atau sebagai hors d'oeuvre sejuk.

95.Terung dan Tomato Chutney

BAHAN-BAHAN:
- 1.5 kg telur masak atau tomato masak anggur
- 1 ½ sudu teh biji adas
- 1 ½ sudu teh biji jintan manis
- 1 ½ sudu teh biji sawi coklat
- ¼ cawan minyak zaitun dara tambahan
- 2 biji bawang merah, dihiris halus
- 2 ulas bawang putih, cincang halus
- 2 biji cili api merah, buang biji dan potong halus
- 2 sudu teh daun thyme
- 450 g terung, potong 1 cm
- 3 epal Granny Smith, dikupas, dibuang inti, dan dipotong menjadi kepingan 1 cm
- 1 cawan cuka wain merah
- 1 cawan gula perang yang dibungkus padat

ARAHAN:

a) Buat hirisan kecil berbentuk salib di pangkal setiap tomato, kemudian pudarkannya dalam tiga kelompok berasingan dalam periuk air mendidih selama kira-kira 30 saat atau sehingga kulit mula longgar. Selepas itu, sejukkannya dengan cepat di dalam sinki berisi air sejuk, dan kemudian kupas tomato.

b) Potong tomato yang dikupas separuh secara mendatar dan cedok biji dan jus ke dalam mangkuk; ketepikan ini. Potong kasar daging tomato dan ketepikan juga.

c) Dalam periuk besar berasaskan berat, kacau biji adas, biji jintan manis, dan biji sawi perang di atas api sederhana selama kira-kira 1 minit, atau sehingga mereka menjadi wangi. Kemudian, pindahkan rempah ini ke dalam mangkuk.

d) Kembalikan periuk ke api sederhana, tambah minyak zaitun. Sekarang, masukkan bawang besar yang dicincang halus, bawang putih, cili, thyme, dan 3 sudu teh garam. Kacau sekali-sekala dan masak selama kira-kira 5 minit.

e) Masukkan terung ke dalam adunan dan teruskan masak, kacau sekali-sekala, selama kira-kira 8 minit, atau sehingga sayur-sayuran menjadi lembut. Masukkan daging tomato cincang, rempah yang dibakar sebelum ini, epal, cuka wain merah, dan gula perang.

f) Tapis jus tomato yang dikhaskan ke dalam periuk, buang bijinya. Bawa adunan hingga mendidih, kemudian biarkan ia masak selama kira-kira 45 minit, atau sehingga sebahagian besar cecair telah sejat.

g) Sudukan chutney panas ke dalam balang yang disterilkan semasa ia masih hangat, dan tutup balang dengan segera.

96. Cannelloni terung

BAHAN-BAHAN:
- Doh Telur
- Minyak zaitun
- 3 ulas bawang putih, cincang
- 1 cawan wain merah
- 2 (28-auns) tin tomato dihancurkan
- 1 tandan selasih
- Garam kosher
- Lada hitam yang baru dikisar
- Minyak zaitun
- 1 biji terung, kupas dan potong dadu kecil
- 4 ulas bawang putih, dihiris
- 3 tangkai rosemary, dicincang
- 4 cawan keju ricotta
- 1 cawan mozzarella yang dicincang
- Garam kosher
- Lada hitam yang baru dikisar

ARAHAN:
a) Panaskan ketuhar hingga 350°F (177°C) dan masak periuk besar air masin sehingga mendidih.
b) Taburkan dua helai kuali dengan tepung semolina. Untuk membuat pasta, canai doh sehingga kepingan kira-kira 1/16 inci tebal.
c) Potong helaian yang digulung menjadi bahagian 6 inci (15 cm) dan letakkannya di atas kuali lembaran sehingga anda mempunyai kira-kira 20 helai.
d) Bekerja dalam kelompok, jatuhkan helaian ke dalam air mendidih dan masak sehingga hanya lentur, kira-kira 1 minit. Letakkan pada tuala kertas dan keringkan.
e) Untuk membuat inti, dalam kuali tumis yang besar di atas api yang tinggi, tambahkan sedikit minyak zaitun, terung, bawang putih, dan rosemary dan masak sehingga lembut, kira-kira 4 hingga 5 minit. Biarkan sejuk dan campurkan dalam mangkuk dengan ricotta dan mozzarella. Perasakan dengan garam dan lada hitam yang baru dikisar.
f) Untuk memasang, letakkan sos di bahagian bawah hidangan pembakar 9 × 13 inci (22.9 × 33 cm). Dengan kepingan pasta memanjang, letakkan kira-kira 3 sudu besar (45 g) isian di tepi yang paling hampir dengan anda. Gulungkan pasta dari anda dengan berhati-hati, bungkus intinya. Letakkan cannelloni yang disumbat dalam satu lapisan dalam hidangan pembakar. Letakkan sedikit lagi sos di atas cannelloni dan taburkan dengan mozzarella yang dicincang.
g) Letakkan cannelloni di dalam ketuhar dan masak selama kira-kira 45 minit.

97. Terung Bakar dengan buah delima

BAHAN-BAHAN:
- 4 biji terung besar
- 2 ulas bawang putih, ditumbuk
- kulit parut 1 lemon dan 2 sudu besar jus lemon yang baru diperah
- 5 sudu besar minyak zaitun
- 2 sudu besar pasli daun rata yang dicincang
- 2 sudu besar pudina cincang
- biji ½ buah delima besar (½ cawan / 80 g kesemuanya)
- garam dan lada hitam yang baru dikisar

ARAHAN:

a) Jika anda mempunyai julat gas, lapik tapak dengan kerajang aluminium untuk melindunginya, pastikan hanya penunu terdedah.

b) Letakkan terung terus pada empat penunu gas berasingan dengan api sederhana dan panggang selama 15 hingga 18 minit, sehingga kulit hangus dan menggelupas serta dagingnya lembut. Gunakan penyepit logam untuk memusingkannya sekali-sekala.

c) Sebagai alternatif, pukul terung dengan pisau di beberapa tempat, kira-kira ¾ inci / 2 cm dalam, dan letakkan di atas loyang di bawah ayam pedaging panas selama kira-kira sejam. Balikkan setiap 20 minit atau lebih dan teruskan masak walaupun pecah dan pecah.

d) Keluarkan terung dari api dan biarkan ia sejuk sedikit. Setelah cukup sejuk untuk dikendalikan, potong lubang di sepanjang setiap terung dan cedok daging lembut, bahagikannya dengan tangan anda kepada jalur nipis yang panjang. Buang kulit. Toskan daging dalam colander selama sekurang-kurangnya sejam, sebaik-baiknya lebih lama, untuk menyingkirkan sebanyak mungkin air.

e) Letakkan pulpa terung dalam mangkuk sederhana dan tambah bawang putih, kulit lemon dan jus, minyak zaitun, ½ sudu teh garam, dan kisar lada hitam yang baik. Kacau dan biarkan terung perap pada suhu bilik sekurang-kurangnya sejam.

f) Apabila anda bersedia untuk dihidangkan, campurkan kebanyakan herba dan rasa untuk perasa.

g) Tumpukan tinggi di atas pinggan hidangan, taburkan pada biji delima, dan hiaskan dengan herba yang tinggal.

98. Hannukah Sabih

BAHAN-BAHAN:
- 2 biji terung besar
- 1¼ cawan minyak bunga matahari
- 4 keping roti putih, panggang atau pita mini
- 1 cawan / 240 ml sos Tahini
- 4 biji telur jarak jauh yang besar, rebus, dikupas dan dibelah empat
- 4 sudu besar Zhoug
- amba atau acar mangga yang enak (pilihan)
- garam dan lada hitam yang baru dikisar

SALAD CINCANG
- 2 biji tomato masak sederhana, dipotong dadu
- 2 biji timun mini, potong dadu
- 2 biji bawang hijau, hiris nipis
- 1½ sudu besar pasli daun rata yang dicincang
- 2 sudu teh jus lemon yang baru diperah
- 1½ sudu besar minyak zaitun

ARAHAN:

a) Gunakan pengupas sayuran untuk mengupas jalur kulit terung dari atas ke bawah, meninggalkan terung dengan jalur kulit hitam dan daging putih yang berselang-seli, seperti zebra. Potong kedua-dua terung mengikut lebar ke dalam kepingan 1 inci / 2.5 cm tebal.

b) Taburkannya di kedua-dua belah dengan garam, kemudian sapukannya di atas loyang dan biarkan selama sekurang-kurangnya 30 minit untuk mengeluarkan sedikit air. Gunakan tuala kertas untuk mengelapnya.

c) Panaskan minyak bunga matahari dalam kuali yang luas. Berhati-hati—minyak tumpah—goreng hirisan terung secara berkelompok sehingga cantik dan gelap, putar sekali, 6 hingga 8 minit. Tambah minyak jika perlu semasa anda memasak batch. Apabila selesai, kepingan terung harus benar-benar lembut di tengah. Keluarkan dari kuali dan toskan pada tuala kertas.

d) Buat salad cincang dengan mencampurkan semua bahan dan perasa dengan garam dan lada sulah secukup rasa.

e) Sebelum dihidangkan, letakkan 1 keping roti atau pita pada setiap pinggan. Sudukan 1 sudu besar sos tahini ke atas setiap kepingan, kemudian susun hirisan terung di atas, bertindih.

f) Gerimis di atas tahini lagi tetapi tanpa menutup hirisan terung sepenuhnya. Perasakan setiap hirisan telur dengan garam dan lada sulah dan susun di atas terung.

g) Siramkan lagi tahini di atasnya dan sendukkan sebanyak zhoug yang anda suka.

h) Sudukan juga acar mangga, jika suka.

i) Hidangkan salad sayuran di sebelah, sudukan sedikit di atas setiap hidangan jika dikehendaki.

99. Muffin Coklat Tiga

BAHAN-BAHAN:
- 1 cawan terung masak
- 1 biji telur rami yang diubah suai
- ¼ cawan mentega badam menitis
- 1 sudu besar cuka balsamic
- 1 sudu teh ekstrak vanila
- ¼ cawan sirap maple
- ½ cawan gula kelapa
- ½ cawan cip coklat, dibahagikan kepada separuh
- ⅔ cawan oat gulung bebas gluten
- 1 cawan tepung badam
- ½ cawan serbuk koko
- 1.5 sudu teh baking soda
- ½ sudu teh garam

ARAHAN:

a) Panaskan ketuhar anda kepada 425°F (218°C). Minyak atau lapik 9 cawan muffin.

b) Basuh terung dan potong menjadi kepingan 1 inci. Letakkan ketulan dalam mangkuk kaca, tutup dengan pinggan lain, dan ketuhar gelombang mikro selama 3-4 minit di atas sehingga terung menjadi lembut.

c) Semasa terung masih panas, masukkannya ke dalam pengisar atau pemproses makanan bersama-sama dengan telur rami, mentega badam, sirap maple, gula kelapa, separuh daripada cip coklat (45g), cuka balsamic dan ekstrak vanila. Kisar sehingga anda mencapai konsistensi yang licin dan berkrim.

d) Tuang adunan yang telah dikisar ke dalam mangkuk adunan yang besar. Kemudian masukkan tepung oat, oat, tepung badam, serbuk koko, soda penaik, dan garam.

e) Gaul sehingga bahan sebati sahaja. Bergantung pada kandungan lembapan terung anda, anda mungkin perlu menambah 1-3 sudu besar tepung badam atau oat. Adunan hendaklah tebal tetapi tidak terlalu padat, dengan tekstur yang tidak cair seperti adunan lempeng (rujuk video untuk tekstur yang diingini).

f) Sebagai alternatif, anda boleh menambah bahan-bahan kering ke dalam pengisar, tidak termasuk oat gulung, dan kisar atau campurkannya. Selepas itu, masukkan oat gulung dan cip coklat yang tinggal.

g) Sudukan adunan ke dalam setiap pelapik muffin, isikan ke atas (kira-kira 92-95g setiap satu).

h) Bakar mufin selama 5 minit pada 425°F (218°C), kemudian kurangkan suhu kepada 350°F (177°C). Teruskan membakar selama 18-20 minit tambahan, sasarkan selama 18 minit jika anda lebih suka mufin fudgy dan 20 minit untuk tekstur yang lebih seperti kek.

i) Keluarkan muffin dari ketuhar dan biarkan ia sejuk dalam kuali selama 2-3 minit. Selepas itu, pindahkannya ke rak dawai untuk menyejukkan lagi.

j) Nikmati Muffin Coklat Triple yang sihat, vegan dan bebas gluten ini untuk sarapan pagi, snek atau pencuci mulut tanpa sebarang gula halus atau minyak tambahan.

100. Tart Terung Dengan Keju Kambing

BAHAN-BAHAN:
- 2 paun terung (kira-kira 3 terung kecil; 900g)
- 4 sudu teh garam halal, dibahagikan
- Tepung serba guna, untuk habuk
- 2 helai puff pastry beku (1 kotak penuh), dicairkan
- 4 sudu besar minyak zaitun extra-virgin (2 auns; 60g)
- Lada hitam yang baru dikisar
- ½ cawan keju kambing segar (4 auns; 112g)
- 2 cawan Gouda yang dicincang (6 auns; 168g)
- 2 sudu teh biji nigella
- 4 sudu besar madu (2 auns; 60g), dibahagikan
- Herba segar, seperti kucai atau basil, untuk hiasan (pilihan)

ARAHAN:

a) Menggunakan pisau tukang masak atau mandolin yang tajam, potong terung menjadi kepingan setebal ¼ inci.

b) Toskan kepingan dengan 1 sudu besar (12g) garam halal dan ketepikan dalam colander yang diletakkan di atas mangkuk atau sinki. Biarkan mereka mengalir selama sekurang-kurangnya 30 minit.

c) Laraskan dua rak dalam ketuhar ke kedudukan tengah atas dan bawah. Panaskan ketuhar hingga 400°F (200°C).

d) Gariskan tiga dulang separuh helaian berbingkai dengan kertas parchment. Juga, potong sehelai kertas kulit tambahan dan ketepikan.

e) Pada permukaan yang ditaburi sedikit tepung, letakkan kepingan pastri puff yang telah dicairkan di atas satu sama lain.

f) Canai pastri sehingga ia cukup besar untuk memuatkan dulang separuh helai, lebih kurang 11 kali 15 inci. Gunakan tepung secukupnya untuk mengelakkan melekat.

g) Gulungkan pastri ke atas rolling pin untuk memindahkannya, kemudian buka gulungan ke atas loyang yang dialas kertas. Letakkan lembaran kertas tambahan di atas.

h) Pada masa ini, terung akan mengeluarkan cecair yang berlebihan. Bilas hirisan terung di bawah air sejuk untuk mengeluarkan garam yang tinggal dan keringkan dengan tuala dapur atau tuala kertas yang bersih. Susun hirisan terung pada dua baki pembakar yang berlapik. Perasakan mereka dengan minyak zaitun extra-virgin, lada hitam, dan baki garam halal.

i) Letakkan satu daripada lembaran pembakar terung di atas pastri puff untuk menimbangnya semasa ia dibakar. Bakar ketiga-tiga dulang dalam ketuhar yang telah dipanaskan selama kira-kira 20 minit, putarkan kuali sekali selepas 10 minit. Pada masa ini, terung akan menjadi lembut, dan pastri akan menjadi pejal tetapi tidak akan menghasilkan sebarang warna.

MASUKKAN TART:

j) Selepas bakar pertama, keluarkan dulang dari ketuhar. Naikkan suhu ketuhar kepada 500°F (260°C). Gunakan spatula offset untuk meratakan keju kambing pada pastri puff. Taburkan biji Gouda dan nigella yang dicincang di atas keju kambing.

k) Susun hirisan terung separa masak untuk menutup tart. Siramkan 2 sudu besar (30g) madu secara merata ke atas terung.

l) Kembalikan tart ke dalam ketuhar dan bakar selama 15 minit tambahan atau sehingga pastri menjadi perang dan garing sepenuhnya.

m) Habiskan tart dengan menyiram baki madu ke atasnya. Secara pilihan, hiaskan dengan herba segar seperti daun bawang atau selasih. Potong tart mengikut saiz bahagian yang dikehendaki dan hidangkan segera.

n) Nikmati Tart Terung yang lazat dengan Keju Kambing dan Madu ini sebagai pembuka selera atau hidangan utama yang lazat.

KESIMPULAN

Sambil kami menamatkan pengembaraan masakan kami melalui "Pengalaman Terunggul dengan Sayur-sayuran Unik," kami berharap rasa dan cerita yang dikongsi dalam halaman ini telah meninggalkan kesan yang tidak dapat dilupakan pada kesedaran masakan anda. Buku masakan ini bukan sekadar panduan; ia adalah pemangkin untuk menghargai seumur hidup ahli keluarga sayuran yang pelbagai dan sering kurang dihargai.

Pengembaraan yang anda lakukan tidak berakhir dengan membalik halaman akhir ini; sebaliknya, ia meluas ke dapur anda, makmal masakan anda di mana percubaan dan inovasi menjadi tumpuan utama. Sayuran unik yang diperkenalkan di sini bukan sekadar ramuan ; mereka adalah teman anda dalam perjalanan ke arah pengalaman masakan yang lebih kaya dan meriah.

Sambil anda membawa pengetahuan dan inspirasi baharu daripada buku masakan ini ke dalam usaha memasak anda, pertimbangkan setiap sayuran bukan sebagai komponen hidangan semata-mata tetapi sebagai sumber kemungkinan yang tidak berkesudahan. Kongsi penemuan anda, cipta variasi anda dan biarkan simfoni perisa terus bergema di dapur anda.

"Pengalaman Terunggul dengan Sayur-sayuran Unik" adalah lebih daripada koleksi resipi; ia adalah satu pujian kepada keindahan kepelbagaian dan perayaan permaidani kulinari yang disumbangkan oleh setiap sayuran yang unik. Semoga pengembaraan masakan masa depan anda ditandai dengan penerokaan, keberanian, dan semangat berterusan untuk yang luar biasa.

Inilah kegembiraan untuk menemui, menikmati dan berkongsi kelazatan dengan jarum, rutabaga, terung, dan pelbagai lagi sayur-sayuran unik yang menjadikan setiap hidangan sebagai perayaan rasa dan keunikan. Semasa anda meneruskan perjalanan masakan anda, semoga setiap gigitan menjadi bukti yang luar biasa dan luar biasa dalam dunia sayur-sayuran. Selamat memasak!

www.ingramcontent.com/pod-product-compliance
Lightning Source LLC
Chambersburg PA
CBHW071313110526
44591CB00010B/873